だいわ文庫

今、目の前のことに心を込めなさい

鈴木秀子

大和書房

はじめに

この瞬間に楽しいこと、いいことを見つける

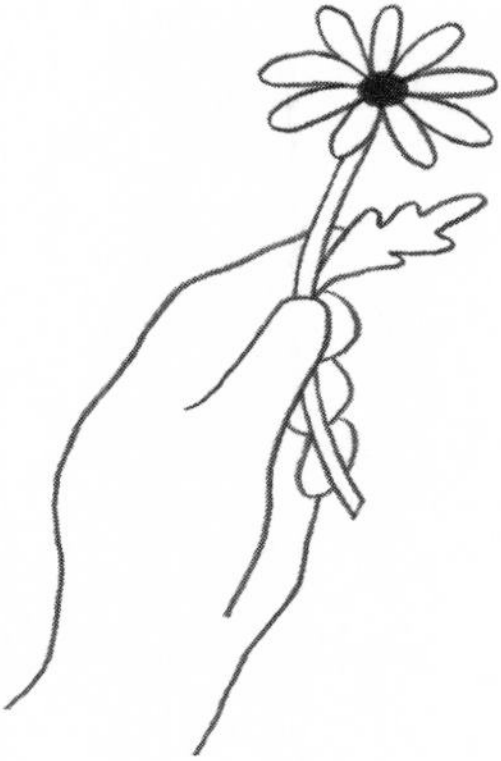

すべての人が、幸せに生きるために生まれてきます。
一人ひとり、与えられた個性を生かしながら、他の人と共に、命あることへの感謝と賛美のうちに日々を過ごしていくことこそ、この人生を生き抜くことです。

人生というのはいつも喜びにあふれているというわけではありません。
次から次へと頭や心や体を悩ませ、傷つけることが起こってきます。
ときに絶望し、自分にダメ人間の烙印を押しかねません。
しかし、それは、自分を過大評価しているのだということに、気づいてください。
大きなことではないのです。
この一瞬が幸せであれば、十分なのです。

私たちは、未来の時間にも、過去の時間にも、生きているわけではありません。今、置かれている場所で、この瞬間に楽しいこと、いいことを見つけられないことはありません。

それが私たちを幸せにしてくれる大きな力なのです。

まず、自分が幸せになる、そう決めることで、周りに大きな光を放ち、あなた自身が幸せの発信基地になるのです。

この本は単行本『今、目の前のことに心を込めなさい』を文庫化したものですが、私の既発表の原稿の中から抜粋したものを加え、新たに手を入れ再構成してまとめました。

多くの方に、今、この瞬間をいきいき生き切るための幸せのエネルギーが届くことを祈っています。

今、目の前のことに心を込めなさい

目次

Chapter 1

過去でも未来でもなく、今を生きる

Chapter 2
人生の扉を開ける

すべての鍵は自分のものの見方の中にある　

Chapter 3
好きな人も嫌いな人も あなたが決めている

Chapter 4

自分の力をたくわえる

Chapter 5

苦しみを自分の一部として受け入れる

Chapter 6
自分の可能性を最大限に引き出す

Chapter1

過去でも未来でもなく、今を生きる

今、この一瞬一瞬をいきいきと生きるとき未来は輝く

私たちは今、ここで、この時の中に生きています。

今をどう生きるか、今をどういう方向に生きるか、それによって未来は大きく変わってきます。

今この一点で、1ミリ自分を生かす方向、幸せにする方向に視点を定めたとき、その方向にエネルギーが動きだしていきます。

たとえ1ミリであっても、何年か後には大きな違いになってくるのです。

たとえどのような状況におかれても、今この一瞬一瞬をいきいきと新鮮で喜びにあふれさせるとき、未来は輝いてきます。

幸せは自分から始まる

あなたは幸せを運ぶ人です。

幸せは身近から始めます。

まず、自分の幸せを思ってみます。

次に家族、友人、まわりの人、あなたが大切に思っている人たちの幸せな表情を思い浮かべます。

その思いが幸せを呼び寄せます。

最後に自分自身に大きな愛をかけてあげましょう。

あなたにとっていちばん強くて深い絆は、あなたです。

自分自身に温かい愛の絆をしっかりと結び付けます。

自分に与えられた「宝」に気づく

人間は、生まれたときから、それぞれに素晴らしい「宝」が組み込まれています。授かったその「宝」を、間違ったエネルギーの使い方で、光り輝くのを妨げていませんか。

自分に備《そな》えられ、与えられた「宝」に気づくとき、自分はもちろんのこと、他の人をも幸せに、豊かにする力になっていきます。

あなたという存在はあなただけにとどまりません。

あなたの良さが発揮されるにしたがって、まわりに大きな幸せをもたらしていきます。

あなたは〝幸せの発信基地〟です。

今いる環境に どのような態度で接していますか

幸福とは幸せを感ずる心です。
自分が幸福と思わない限り、幸せはやってきません。
まわりの環境が幸せを運んでくるわけではありません。
その環境に自分がどのように接するか。
どのような態度を持つか。
どのような視点を持つか。
それによって幸福は決まります。
幸せも不幸も自分が選択しているのです。

人の幸福は〝蜜〟の味！

「人の不幸は蜜の味」という言葉があるように、
人間には、他人の幸福をなかなか受け入れがたい感情が働きます。
蜜の味を幸福に変えて、他の人の幸せを願うとき、
あなたは人間的な成長をとげ、
自分の中の魂の喜びが大きくなっていきます。

たった一つの不満のために、たくさんの恵みが見えなくなっていませんか

人間は一つのことが当たり前になると、次のものを求める欲に左右され、今ある恵みに感謝することを忘れがちです。

あなたが不満に思うたった一つのために、あなたに与えられているたくさんの恵みが見えなくなってはいませんか。

歩ける自分、目が見える自分、家族がいる自分、身の回りにはたくさんの恵みがあふれています。

自分にはこの困難を乗り越える力がある

人の目には不幸と思える出来事も、それを否定しないで、現実としてしっかり引き受け、自分にはこの困難を乗り越える力があることを確信します。

人生にとって、起こってくる出来事に何ひとつ無駄なものはありません。

今はわからないが、必ず意味があって、決して不幸じゃないと胸にとめます。

こうして〝幸せを築きあげていく力〟を育てていく。

それが生きていく本当の意味です。

「幸福とはこうあるべき」そう思い込んでいませんか

幸福とはこうあるべきものという概念を、頭の中にしっかりと組み立てすぎていませんか？

それに添わないと、不幸という枠に組み入れてしまう習慣を身につけていませんか？

そうした枠組みに縛られて、自分を生きにくくしてはいないかを見つめ直し、少しずつ、無理なく、自由に広げて、幸・不幸の価値観を育てていく。

それが大切です。

つらいけれど決して不幸ではありません

人間にとってもっとも幸福なのは、喜び、楽しみのうちに人生を送ることです。しかし、人生には思いもかけないことに遭遇することがあります。

それに直面したときこそ、私たちは自分の心のあり方を問われるのです。

苛酷な運命を呪うより、この現実をしっかりと受けとめます。

押しつけられたものとしてではなく、主体的に自分から選び取ることです。

そして現状の中で、つらいけれど決して不幸ではない、それを通して多くのことを学びながら、自分で自分を幸せにすると確信します。

幸・不幸はその人の心の持ち方次第なのです。

波立つ海の底は静かで美しい

波立つ海の深い深い底は静かだといわれます。

どんなにつらいことがあっても、どんなに苦しいことがあっても、不平不満で心を乱すよりは、美しいものを美しいと見て、心の深いところで物事を静かに見つめ、幸せ感を保ち続けることが大切です。

あなたにできる最大の貢献とは、自分の置かれた場で、いきいきと喜びに満ちて仕事をし、生きることです。

食事をつくることも、掃除をすることも、日常の生活の場で義務とか不満からではなく、明るく軽やかな気持ちで行なうとき、あなたはすでにまわりに幸せの光を広げているのです。

今、手にある小さな幸せに感謝する

幸せは日常の中にひそんでいます。
私たちは幸せを何か大きなもののように待ち望み、
たまたま訪れた幸せも、こんな幸せがあっていいのだろうか？
後に嫌なことが起こるのではないか？　という不安にかられ、
せっかくの幸せを消してしまうことがあります。
今、手にある小さな幸せを喜び感謝すること。
そして自分の置かれている状況、
まわりの現実をともかく受け入れることです。
幸せというのはごく当たり前のことなのです。

すべては陰と陽のバランスから成り立っている

宇宙は陰と陽からできています。

人間を一つの円とするならば、これも陰と陽から成り立っています。

陽は光、善良、親切、愛、忍耐、慈善、希望の世界です。

陰は暗闇、憎悪、恐怖、不親切、わがまま、絶望、失意を表わします。

人類は一つの輪の中で陰と陽を分かち合いながら生きています。

あるときは自分も陰の部分を背負い、あるときは陽の中にいられるのです。

こうしてバランスをとっています。

だから自分がこうして健康でいられるのは、陰にいる人たちのお陰で支えられているという感謝の気持ちを持つことが大切です。

些細なことに生きる甲斐がある

アメリカの女流詩人、エミリー・ディキンソンはこう謳《うた》いました。

一羽の小鳥を癒しなば
わが生涯に悔いあらじ

小鳥の傷ついたのを癒してあげたら、自分の人生はそれで十分、生きた甲斐《かい》がある、というのです。

それは、あなたにとって一羽の小鳥を癒すことは、ただ人に微笑みかけてあげることのような、些細なことかもしれません。

生き甲斐は日常の小さなところに潜《ひそ》んでいます。

誰かにやさしい笑顔を向けてあげる。

あるいはちょっと小さな感謝の言葉を言ってみる。

大きなことを変えるのではなく、毎日起こってくる小さなことを良い方向に切り替えていく。

そんな積み重ねがとても大切です。

「いいこと探し」は「宝探し」

私たちにはそう思えなくても、いいことを頭に思い浮かべていると、だんだん感情がそれにつれて良くなっていきます。

「いいこと探し」「宝探し」という言葉があります。これは私がずっと前に学生から教わった言葉です。

その学生には歳の離れたきょうだいが何人かいます。その一番下に弟が生まれました。その男の子は寝たきりで動けません。ものも言えません。しかしニコニコしています。

子供たちは学校から帰ってくると、その一番下の弟のところに行って「今日はこんないいことがあったよ」と教えます。外に出られない弟のために楽しいことを話すのです。

するとすると弟はニコニコします。そうやって、みんなが帰ってくると弟にいいことを話すのが習慣になっていました。

その学生は長女でしたが、朝から「今日家に帰ったら、弟に何を話してあげよう」と、弟に話すいいことにアンテナを張り巡らせて探しています。

そして何か見つかればすぐにメモしたので、手帳の中にはたくさんの宝がたまっていきました。

うっかりすると、嫌なことがあってクヨクヨしてしまって、家に近づくまでいいことが何も思いつかないときがあります。

でも、玄関に入るまでに「そういえば足が痛くない」ことを見つけて、「靴があるから足が痛くなかったのよ」と話す、と言うのです。

「宝探し。これはどんな小さなことでもできます。弟によって私たち家族は本当に幸せになりました」と言っていました。

環境を変える？
自分の中の態度を変える？

幸せかどうかを決めるのは、環境ではなく、生きる態度です。

生きる力、幸せになる力は自らの中にあります。

これさえなければ幸せになれる、この苦しみやつらさのないところへ行けば幸せになれると思いがちです。

しかしそんな場所はどこにもありません。

あるとすれば墓地だけですが、まだそこへ入るのは早すぎます。

自分の中には自分を変える力がある、そうなれる力が備わっているのです。

環境をいくら変えても、自分の中の態度を変えなければどうにもなりません。

自分で心を切り替えることから、幸せを見つける力が生まれるのです。
大きな革命は、自分の心の中を変えることだ、と太宰治はいっています。
あの人もあんなに苦しんでいるではないか、悩んでいるではないか。
共感を持ち、自分の心を切り替えるところから、大きな革命が起こってくるのです。

今、幸せでいいのだ。ありがたい

「自分だけが幸せになっては、あの人に悪い」

そう言う人がいます。

そんな人は一生幸せになれません。自分自身がしっかり幸せになると心に決めて、幸せを選び取ってください。

幸せに耐える、ということも力が必要です。

こんなに幸せだとまた悪いことが起こるのではないだろうか？

そう取り越し苦労をして、せっかく手に入れた幸せを、滅茶苦茶にしてしまうことがあるからです。

つらいときや苦しいときは、

「頑張って、せいいっぱい耐えて」

と励まされますが、私たち日本人は幸せを耐え続けることが苦手です。

ですから〝幸せに耐える力〟を育てる必要があります。

今、幸せでいいのだ、ありがたい、という気持ちを自分の中に育てましょう。

平穏な日々が続くときこそ感謝を深め、恵みを感じとる力を養い育てるときです。

自分を幸せにできる人は他の人も幸せにします

人間は誰しも愛し愛されたいと願っています。

そして人から受け入れてもらいたい、理解されたい、自分が他人からいい人と思われたい、役立つ人でありたいと願います。

これは人間の本能で、生きていくすべての根源にあるものです。

そしてそれが満たされないとき、私たちは何かつらい思いをします。

心の中に不幸をかこつ人は、その人がいるだけで不幸の雰囲気がまわりの人に伝わっていくのです。

それでは、何かいいことがあれば幸せで、人から「あなたはいい人」と言ってもらえれば幸せなのでしょうか。

そうではないのです。

はっきりとわかっていることは、自分で自分を幸せにすることのできる人に、幸せが約束されているのです。

自分を幸せにするとは、自分を愛する力を育てることにつきます。

自分自身を愛する力を伸ばした人のみ、他の人を愛することができるのです。

愛というものは波動のようにまわりに及んで、自分を幸せにできる人は必然的に他人を幸せにします。

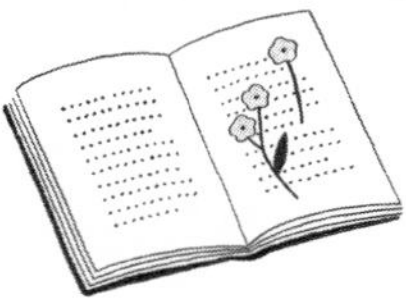

シスター鈴木秀子の自分を変える心の習慣1

クッキー泥棒！　さて、どうしよう？

これは「クッキー泥棒」のお話です。

一人の女が夜の空港で飛行機を待っていました。飛行機が出るまであと数時間。女は空港の売店で本とクッキーを一袋買って、椅子に腰を下ろしました。

女が夢中になって本を読んでいるうちに、ふと気づくと、横にいる男がこともあろうに、二人の間に置いた袋からクッキーをつまんでいます。

女は騒ぎを起こすのが嫌だったので、知らん振りを決め込みました。

あきれたクッキー泥棒は、クッキーをどんどん食い荒らしていきます。刻々と時間が経つにつれ、女のイライラは募《つの》るばかりでした。

女がクッキーを一つ取れば、男もまた一つ取る。

最後の一つが残ったけど、この男はいったいどうする気だろう。

男は頰《ほお》を緩《ゆる》め、笑いながら、最後のクッキーを手に取り二つに割りました。その一つを女に差し出し、残りを男が食べました。

女は男からクッキーのかけらをひったくると、内心、思いました。

「ああ、なんて奴。このあつかましさ、この恥知らず、ひと言の礼も言わないなんて。こんなに腹が立ったのは生まれて初めて」

出発便が放送されたとき、女は荷物をまとめてゲートに向かい、恩知らずの泥棒のほうには目もくれず立ち去りました。

女は飛行機に乗り、座席に身を沈め、やおら読みかけの本を探しました。

荷物の中をまさぐった女は、驚いて息を呑《の》みました。

なんと自分が買ったクッキーがあるのです。

私のクッキーがここにあるなら、あれはあの人のだった!

あの人は自分のクッキーを私に分けてくれた。

謝ろうにも手遅れだと、女は悲しみに身悶《みもだ》えました。自分こそ恥知らずの、恩知らずの泥棒だったとは!

これが事実なのです。


さてこれからです。

この女性は「その一瞬に気持ちを選び取る、考えを選び取る」ということの大切さを学んでいました。

自分は知らずに、クッキーを怒りながら食べてしまったとわかったとき、「さて、どうしよう?」と思いました。

そのときに、自分をダメな人間だと落ち込むこともできたのですが、お礼を言うこともできないのです。

それで、彼は楽しみながらクッキーを自分と一緒に食べたに違いない、と思うことにしました。

私という仲間があって、きっと数倍もおいしかったに違いない。

私も少し恥をかいたけれど、おいしいクッキーを食べ、待ち時間を退屈しないで過ごすことができた。それに見知らぬ人の優しさをちょっと体験できたし、いっぱい得をしたと思いました。


「さて、どうしよう？」というとき、この女性は自分を責める代わりに、考えを変えたのです。

すると何だかとても幸せな気分になって、袋から出したクッキーを「彼に一枚」と言って自分で食べ、「これは私」と言って自分で食べ、また一袋全部食べてしまいました。
おかげで眠くなって、飛行機の中でぐっすり眠れたのです。

「さて、どうしよう?」というときは、素晴らしい自分の中の世界を、外の世界の価値観によって埋めるのではなく、楽しい感情で満たすように訓練することです。

そのコツは、「今、一瞬しか生きていない」ということをしっかり覚えておくことです。

「この一瞬」はあなたの掌《てのひら》の中にあって、汚れず、純白で、どのようにでもできる、素晴らしい宝のような時間です。

生きているのは「この一瞬」だけです。そして「また次の一瞬」です。

過去は忘れてしまっていいのです。

Chapter 2

人生の扉を開ける

人生の扉を開けるのはあなたです

あなたは自らの行動で人生を切り開きます。
人生の扉を叩くのはあなたです。
あなたにはその力が与えられています。
あなたが進んで行動を始めなければ、扉は開かれません。
求めなければ、豊かな実りある人生を受け取ることはできません。
この主体性こそ、人生において最も大切で尊いものです。

あなたはあなたであってよし

大空を飛ぶ鳥が、海に泳ぐ魚に向かって言いました。

「空はこんなに広くて気持ちがいいのに、どうして飛ばないの」

魚は水中からピョンととびはねて、

「水の中はこんなに素晴らしいのに、あなたはどうして水の中に入らないの」

でもそれは、両方にとって必要のないことなのです。

あなたはあなたであってよし。

他の人は他の人であっていいのです。

ジグソーパズルは、ピースが一つでも欠けると完成しない

私たちにとって、みんな役割こそ違えど、人間は誰もが同じに尊いのです。年をとっても、病気になっても、失敗をしても、嫌な人間になっても、恨んでも、怒っても、あなたはダメですという人は、地上に一人もいません。

大きなジグソーパズルが完成するためには、小さいピースが必要です。一つひとつの切られたピースは、一個だけ見てみると立派には見えません。大きいのも小さいのもあり、でもどのピースが立派かというと全部平等です。ただ形が違う、色合いが違う、役割が違うだけです。そうして、全部のピースがピタッとはまらないと、一つの完成された絵はできません。

あなたの存在は、誰もとってかわることができない

あなたは誰かに認めてもらう必要はありません。
あなたが自分自身を認めてください。
幸せになる根源は、あなたとあなた自身が仲良しになることです。
仲良しになるいちばん最初は、あなたの存在の尊さを認めてあげることです。
あまり理想を高くしないでください。
あなたの存在自体がとても大事な存在で、誰もとってかわることはできません。
それがあなたの価値なのです。

あなたの中の子どもをいたわる

あなたの中には小さな子どもがいます。

子どもは自分が認められないと、まわりの人に注意を向けさせようとますます騒ぎ立てます。

あなたが何かしたときは、自分の中の子どもをていねいにねぎらい、やさしくいたわってあげます。

ものごとがうまくいかなかったときは、「どう解決しましょうか」と問いかけます。

あなたの中の子どもは、あなたの愛情を必要としていると同時に、あなたの支えにもなってくれるのです。

過去をいつまでも後悔しない。過去にはただ感謝あるのみ

過去に起きた出来事に対して、
いつまでも後悔したり反省をしないでください。
過去はいろんな出来事から、
今をより良く幸せに生きるために、学ぶためにあるといいます。
過去には感謝のみ。
未来は希望です。
現在は喜び、楽しみ、生きるときです。

失敗するのが当たり前。人間だもの

この世に完璧な人間なんていないよ。
完璧になってごらん。
そうしたら誰も近づかないよ。
そんな人間なんて、誰も魅力を感じないよ。
失敗するのが当たり前じゃないか、人間だもの。
嫌なところがあるのも当たり前じゃないか。
それが人間味があるということさ。

オーストラリアの精神療法家の神父さんの言葉です。

喜びを自分の中に与えてあげてください

私が学生のとき、アメリカ人の学長から、いつも聞かされていた言葉です。

一日にたった一つでいいから、人に知られないところで、良いと思うことをしなさい。それはゴミを拾うことであっても、そのわずらわしさより、あとの喜びのほうがずっと大きいのです。

喜びを自分の中に与えてあげてください。それが魂を喜ばせることです。

何か人の役に立つことができる喜びを知った人、それは生きる達人ともいえます。

目に入ってくるすべてのものは、あなたを生かす力と光です

私たちは自分の心のレンズを通してものを見ていないでしょうか。

たとえば、今まで「あの人はなんてだらしない格好をしている」とか、「あの人、何、あの歩き方は」という見方をしていたとします。

それを、目に入ってくるすべてのものは、自分の中にある大宇宙の私を生かす力と光がここに形として現われている、と捉えてみます。

一輪の花、青く広がった澄みきった空、何でもいいのです。道を歩きながらその形を捉える練習をしてみてください。

確実に奇跡が起こります。

これがなくては幸福になれない……

死んでしまいたいほど自分をみじめに感じるときは、どうしてもそれなしには幸せになれないと思っていたり、自分への賞賛や、同意や、拍手喝采や、愛情が得られず、それらを渇望している状態ではないでしょうか。

ともかく、「これがなくては幸福になれない」と信じているものが与えられないとき、人生はカサカサになり、心は落ち込み、自己嫌悪にとらわれ、みじめになってしまいます。こうした状態は、すべて「これがなくては幸福になれないもの」への執着に根がありそうです。

変化とは、執着しているものや人から、切り離されることを意味するので、変化は恐れをともなうことが多いのです。

二つの違った考えや思いを同時に持つことはできない

逆転の図形というのがあります。

これにはウサギとアヒルの二つの絵が、線が重なるように描かれています。

ところが、ウサギとアヒルを同時に見ることはできません。

また、ウサギとアヒルの実体を知らないと、この絵からはウサギもアヒルも見つけだすことはできません。

知っていればこそ、それを認識できるのです。

人生もこれと同じで、知るということがとても大切です。

また二つのものを同時に見ることはできません。
二つの違った考えや思いを同時に持つことはできません。

いつも私たちは、無意識に一つだけ選択しています。
嫌な思いが起こったら、この絵のように、すぐその思いをもう一つの自分を生かす思いに切り替えてみることです。

「これだけは我が身に起こってほしくないこと」

真に幸福になるためには、執着を手放さなければと、頭でよくわかったとしても、とても実行できないのが人間です。天の配慮は、そんな人間の性向に対して、救いをもたらしてくれます。

しかし残念なことに、人間は、それを救いどころか、最悪の事態、もっともひどい災難と受けとめます。

天の配慮のもたらす救いとは、多くの場合、「これだけは、我が身に起こってほしくない」ということが起こることを意味します。

起こったことに対して恨み、否定し、長い時間をのたうちまわっての苦しみの末、人の力ではどうすることもできないとわかったときにだけ、やっと諦めの境地になり、どんなにもがいても執着を手放さざるをえなくなるのです。

「変えることのできないものを、受け入れる心のひろさ」も、私たちの本性に反することです。

「変えることのできないものを、受け入れる」ことは、もっとも避けたい事態に直面していることを意味し、できればこんな祈りをしなくてもすむ人生を送りたいと願うのが、自然の心情です。

でも人間は一人残らず、そうした体験をしないでは生きられないようです。

あなたは自分が決めたとおりの人になる

人間は自分が決めたとおりの人になるといいます。自分の思いがすべてを引き寄せるといいます。

また、深いところで無意識のうちに望むことを人間は実現するといわれます。

ですから、最もいい自分の人生設計をしていくには、頭で考えるのとは違って無意識に働きかけることが大切です。

無意識には莫大な力があって、実現していく力があります。

しかし方向を決めることはできません。

上手にコントロールできれば莫大な力を発揮してくれるけれど、その方法を知らないから、3パーセントくらいしか自分の能力を発揮することができないわけです。

無意識の無限の力に働きかけるには、考えるだけでは働きません。

その方法の一つにイメージ療法があります。

イメージをすれば、イメージの強い力によって人間はどんな方向へも動くといわれます。ただイメージをすればいいというわけではなく、もう一つの条件がととのわなければなりません。

自分の脳波がアルファ波になっているときに、はっきりしたイメージをすると、その無限の可能性の無意識が働きだすといわれます。

瞑想はアルファ波を出し、イメージが湧くような体をつくりあげていきます。ですから瞑想には、イメージするというのが大事な要素です。

人間は背骨にそって成長していく

一人ひとりの人間は、心に背骨のようなものを持って生まれてきます。その背骨にそいながら素晴らしい人格者になっていく、それが成長といわれるものです。

持って生まれたものを最高に発揮していくとき、良い成長をとげたといわれるのです。

桜は桜の木として最高に見事な花を咲かせること、すみれはすみれとして最高に美しい花を咲かせることが、自然の理にかなった最も良い成長です。すみれが「桜のように立派な木になりたい」といくら嘆いてもなれるわけではありません。

成長というのは、その人らしさをもっともよく発揮することにあります。山をずっと歩いてきた旅人にとって、ほっとさせるようなささやかな花、それは見事に咲く桜の花ではなく、道端に咲いている小さなすみれかもしれないのです。

「すみれと桜と、どちらのほうがいい」と言うことはできないほど、それぞれの素晴らしさを持っています。単に形が違うだけです。

自分らしさを発揮して、自分の中にあるものをより良く育てましょう。

そして深い充足感を持ち、自分を頼りにして、ものに左右されず、ものによって自分の幸せが影響されず、自分の幸せを自分で築きあげていく。

そこにこそ本当の人間らしさがあるのです。

人によって突き動かされる行動はみな違います

今日、朝9時に会社で会議があるとします。

あなたは、それに間に合うように、10分前に会社の前の横断歩道に立っています。信号が青になり、渡ろうとすると、信号無視した車が走ってきて、人を撥《は》ね、そのまま走り去ったとします。

あなたはどうするでしょうか。あなたは何を考え、どう行動しますか？

ある人は歩道に横たわっている被害者にしか目がいきません。

ある人は、9時に重大な会議があることに焦点を合わせます。自分の責任を果たすために、まず会社に電話をかけに行く。

そうすると、被害者にしか目がいかない人にとっては「その人は非人間的だ」となり、被害者にしか目がいかない人に対して、会社に電話をかけに行く人は「責任感がない」と思います。

一方、黙って後ろに下がって状況を観察する人もいます。

「あれは緑色のスポーツカー、何年型で乗っていた人は何歳ぐらいで、こういう服を着ていて、髪型はこうだ。横たわっている人は血の流れがこうだ」と、何も手を下さずに観察しています。

その人に対して、横たわっている人にすぐ駆けつけて行き、「何してるの！みんな早く手伝って」と言う人もいるでしょう。

しかし、それは突き動かされる行動がそれぞれの人によって違うというだけです。どっちのほうがいい、悪いということはないのです。

あなたはどういう力によって突き動かされ、どういうエネルギーを使い、あるいは、どういうところで自分の生き方を苦しくしているのでしょうか。

幸福度がどん底を示すときでも

人生の幸福度の折れ線グラフを書く実験をしてみました。

どの人も、年代毎にグラフの線は上がったり下がったりしていました。

誰一人として幸せが続いている人はいません。

一人残らず苦しみを体験していました。

しかし、このグラフから学ぶものが見えてきました。

苦しみのどん底に落ちたときは、必ず上に上がる力が蓄えられているということでした。

次に、人生の恵みのときを記入してもらいました。

すると幸福度のどん底の部分に恵みが与えられている結果が出ました。

私たちは苦しみの渦中にいると、苦しむことの意味など想像もできません。

けれども、人生を恵みという面から見直してみるとき、人生の出来事を通して、苦しみからいかに守られていたかということに気づくことができます。

嫌な自分を感じたときは深呼吸する

あなたは決して一人ではありません。

自分は不幸だと思っても、世の中のどこかであなたのために祈っている人がいます。

あなたは孤独でもなく、一人で苦しみを担《にな》っているのでもありません。たくさんの人が苦しみながら他者の苦しみをも共に担っているのです。

苦しみは消えないかもしれない。しかし、それと共存できる力が、自分の中にあるのです。愛があなたの中に命と共に注がれていて、それを乗り越えられる力が、あなたにはすでに備わっているのです。

自分を嫌わないでください。

自分自身に対して忍耐してください。

そのためには、まず自分自身を大切にする力、自分を許す力を育てること。

そして自分に本当は価値があるんだと、自分に教えてあげることが大切です。

嫌な自分に出会ったら、自己嫌悪という落とし穴におちいる前に、深呼吸をします。

自分を否定しないで、「こんな気持ちは誰にでもあるんだよ」とやさしく言って、深く息を吸い込み、息と共に嫌な気持ちを吐き出します。

この深呼吸を三回繰り返します。

野に満ち、山に満ち、あなたを取り囲んでいる大宇宙の温かい慈《いつく》しみに包まれている自分を発見します。

それはあなたの人間的成長に役立っていますか？

中世の聖人イグナチオ・デ・ロヨラは、非常に賢明な言葉を残しています。

それは、「起こってくる物事は、すべて中立であり、良い悪いはない」というものです。

起こってくる物事は、多くの場合、自分にとって都合が良ければ、それは良い出来事ということになり、自分にとって都合が悪ければ、それは良くない出来事ということになります。

聖イグナチオは、イエズス会という修道会を創立しました。

これは日本では上智大学の母体になっている修道会で、世界中に大きな影響を及ぼしました。特に社会のリーダーになる人たちの教育という分野で、大きな貢献を果たしている修道会です。

聖イグナチオはこう言っています。

物事には良いとか悪いとかはなく、みんな中立に起こってくる。

それが、あなたが素晴らしい人間になっていく上で、そしてあなたが本当に幸せになる上で、あなたの助けになったり、力になるようだったら、それを使いなさい。

もしそれが、あなたの役に立たなかったり、あるいは、あなたが人間として成長していく上で害があるようだったら使いなさんな。

そういう原則を遺《のこ》しているのです。

自分にとって、それが人間的成長の助けになるかならないかを、自分自身で判断していくということがとても大事になってきます。

私たちが生きていく上でいちばん大事なことは、自分が幸せであることです。自分が幸せでない人は、周りをいかに幸せにしようとしても、何か無理があって、周りに幸せの波動が伝わっていきません。

私たち一人ひとりが幸せであるときには、その人のそばにくるとほっとしたり、この人に出会ってよかったなと感じたりします。

そして、あのような人になりたいなと思います。

あの人があんなに幸せで、人を惹《ひ》きつけている魅力は何だろうと考えます。

そして、その人の深いところにあるもの、深い内面に湛《たた》えられている穏やかさとか、屈託《くったく》のなさとか、優しさといったものに行き着くと思うのです。

あなたが幸せならば、知らないうちに、あなたから幸せの波動が周囲に伝わっていきます。

失敗から知恵をもらう

人は完璧ではない。誰も完璧になんかなれっこない。そういう弱さを通して、私たちは人間味があふれた優しい人になれるのです。

立派な人に見えても、ある人には厳しすぎると見えたり、別の人には優しすぎると見えたり、見方はいろいろです。人間である限り完璧な人はいません。

私たちの人生にはつい落ちてしまいがちな二つの落とし穴があります。

まず第一は、自分を責めるという落とし穴に、好奇心にかられて落ちないこと。自分を責めないこと。自分を責め続けると自虐《じぎゃく》的な快感を味わいます。

そんなことにエネルギーを使うよりも、もっともっと幸せなことが世の中にはあります。誰かに会ってにっこり微笑んでみることでもいいし、花屋さんの前を通ってきれいな花を見てもいいし、青空をしみじみ眺めてもいいのです。

私たちは、どんなに高い期待を自分自身と周りの人に持っていることでしょうか。私たちには、「こうでなければダメ」という期待が数多くあります。もし、そういう期待をしなかったら、だらだらと生きてしまうのではないかと心配する人がいます。

人間の本能には、いい人になりたい、誰からも受け入れられたい、高く評価されるような人になりたい、という強い希望があります。

その希望と原動力は決して消えません。ですから、あなたがどんなに自分を温かく受け入れても、それはマイナスになるどころか、本当の力が湧き出てきます。自分を責めないで、自分と仲良しになることです。

これは自分が立派な人になるというのではなく、あなたのそばに来るとほっと心が安らぐとか、あなたとなら安心して一緒にいられるとか、何かのときはあなたのことを思い出すといった、そういう人になることです。

人間は自分で自分の成長を確認することができません。それは周りの人が教えてくれます。ここが落とし穴です。第二の落とし穴、強い落とし穴です。

私たちは自分が良くなっているということがわからなくて、他の人の反応によって感じ取ります。周りの反応で理解するわけです。

そうすると、自分のことはそっちのけにしておいて、周りの反応を無意識に気にするようになります。

周りからいい反応をもらいたいあまり、自分らしさを出さないで、自分を殺して、周りの期待に合わせて生きていくようになります。

「あの人はなんて優しいんでしょう」

「あの人はいつも親切なんです」

周りの反応がとても良くなると、ついそれをやりすぎます。その結果、本物の自分は生かされません。

本物の自分を生きないで、他の人の期待に合わせて生きていくから、辛くて生きにくい人生になってくるわけです。あまりいい人になりきってしまうと、本物の自分を生きられなくて、不自由で生きづらくなっていきます。

ですから、この二つの落とし穴に注意していてください。


時には失敗します。でも失敗するのが人間です。失敗したら、今度はこの失敗から知恵をもらおうと思ってください。

今はわからないけれども、後になってこの苦しみには大きな意味があることがわかる。それを楽しみに生き抜けます。

ですから、自分を大切にして、命を大切にもてなし、ご自分の存在を大切にしてください。

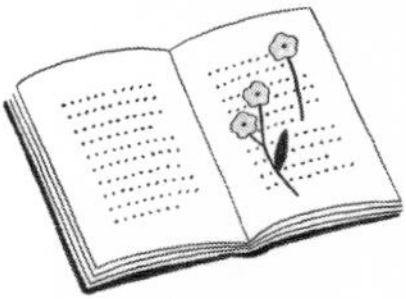

シスター鈴木秀子の自分を変える心の習慣2

すべての鍵は自分のものの見方の中にある

これはアイルランドにある物語です。囚人が牢獄に収監されていました。年に一回だけ国の祝日に窓から外を眺める恩恵が与えられていました。二人の囚人が祝日にこの恩恵にあずかりました。

一人の囚人は、「ああ、つまらない。泥んこの水たまりだった」と言いました。もう一人の囚人は、「いや、雨上がりの真っ青な澄みきった空だった」と言いました。これは何を意味しているのでしょうか。

牢獄という同じ状況の中にいても、〝何を見たか〟によって、二人の囚人の生き方、態度、雰囲気が変わってきたということです。

昔、二人の僧が中国に仏法を学ぶために、旅に出ました。途中、野原の中の一軒のあばら家で旅の疲れを癒すことにしました。翌朝、快適な眠りから覚めたら、そこは風雨にさらされた人骨が散らばった墓のあとでした。次の夜は二人ともうなされて眠ることもできませんでした。

一人の僧は、「人骨を見て悩まされるようでは、まだ自分は修行が足りない。中国へ行って徹底的に修行をしてくる」と言って、旅立っていきました。

もう一人の僧は、散らばった人骨の中に立って、「何も知らないうちはあんなにやすらかに眠れたものを、知ったがために眠れない自分。すべての鍵は自分の中にある」と悟って、中国へは行かず、自分の心を見つめることこそ修行であることを確信したのでした。

世の中すべてのことは、自分のものの見方が作りだしているという教訓です。

Chapter3

好きな人も嫌いな人も あなたが決めている

自分と自分の見方は変えることができる

人間関係は一対一から始まります。

自分と自分自身との関係、そして自分と他者との関係。夫婦、親子、友人、仕事関係の人、どんなに大勢の人がいても、自分と一対一の関係を基盤にしてつながっていきます。

自分に対して温かい優しさと深い愛情をかけ、内面を整えていけば、自分自身を最良の友とすることができます。

この関係がうまくいっていれば、まわりの人ともうまくつき合っていくことができます。なぜなら他人を変えることはできませんが、自分自身と他人に対する自分の見方は変えることができるからです。

誰でも持っている「好きな人アルバム」「嫌いな人アルバム」

好きな人も嫌いな人もあなたの心が決めています。

どちらもあなた自身の中に潜んでいることに気づかないだけです。

私たちの頭の中にはこれまでの経験から、「好きな人」「嫌いな人」をアルバムにしてインプットさせているといわれます。

その潜在意識で相手には関係なく判断をくだしているのです。

意図的に、好きな人を頭に描いて、アルバムを入れ替える訓練をしてみましょう。

あなたの人間関係が素晴らしいものになっていくことは確実です。

相手のイヤなところは、自分のイヤなところ

人間はなかなか他人を許すことができません。
理性のうえでは相手を許します。
でも感情がそれに伴わなくて苦しみます。
相手にイヤなところが見えるから、許したくないと頑《かたく》なに思いがちですが、
そのイヤなところが自分の中にあるから見えるのです。
ちょうど鏡のように、です。
相手を許さないということは、自分自身を許さないからです。

夫婦の生涯の課題

夫婦というのは、タイプの違う人がお互いを補い合うために結婚するといわれています。

ですから結婚生活は、はじめから溝があって当たり前なのです。

性格の違い、育った環境の違い、価値観の違い。

こうした溝をお互いに埋め合わせ、長い年月をかけて築き、共に歩んでゆく関係にまで育てあげていく。

それが夫婦の生涯の課題です。

あなたが伝えたいことを話すときは、相手が聞く耳を持っているときに

小さいときの何気ない思い込みで、親の気持ちを曲解したまま成長して、自分を苦しめる元になっている親子関係があります。

親子に限らず、良い人間関係を築くために大事なことは、伝えたいことを相手が聞く耳を持つとき、つまり、聞き取れる状態のときに、聞き取れるように小まめに伝え合うことです。

そんなコミュニケーションが頑なな心を和らげていきます。

これに気がついたとき、自然体で話ができるようになり癒されていきます。

自分にとって良いことと、相手にとって良いことは違う

自分が良いと思うことはすべて良くて、
悪いと思うことはすべての人にとっても悪い。
そう決めつけていませんか。
人の話を共感を持って聞く訓練を始めてみましょう。
たくさんの知恵を自分の中に積み重ねていくことができます。

ケンカは自分の状態を知ることで解決する

相手のことが気に入らないといってケンカが起こります。

ケンカの原因は何ですか？

目くじらを立てる前に、自分の弱さに気づかないで、それに振りまわされていないか、自分の心に聞いてみましょう。

人間ですから感情に波があります。

ストレスで気分がすぐれないときもあるかもしれません。

そういった自分自身に気づき、自分の弱さを受け入れ、やさしく接してあげることが肝要です。

自分の状態を知ることが、ケンカのいちばん早い解決法です。

劣等感や罪悪感でエネルギーを費やさない

劣等感、罪悪感というものは、たいていの場合、人と比べるところから起こります。

人が何と言おうと、自分の存在価値は変わりません。

人は人、自分は自分。一人ひとり違うかけがえのない人です。

また人に褒められることによっても、自分の存在価値は変わりません。

人が何と言おうと、自分の価値を徹底的に認め続けること、そして自分を深く愛することです。

罪悪感でエネルギーを費やさないことです。

今日から人と比べる生き方はやめることにしましょう。

心が満たされたとき、人は分かち合いたくなります

二一世紀は必要なものだけで、心も軽く、身も軽く、明るく生きられる時代だとも言われます。精神が満たされるときは、ものは何もいらなくなります。私たちも心に何かうれしいことがあるときは、持っているものを皆に分け与えたくなるではありませんか。

中原中也には、しみじみと心満たされたときは、パンくずを持って、神社に行って犬に与え、鳩に豆を与えたくなる、という意味の詩がありますが、心満たされたときは、ものによって満たされる以上に豊かな気分でまわりのすべてと分かち合いたくなります。

苦しみを通り抜けたとき、大きな手の温もりを感じます

極限までに自分の力を振り絞って勝利を勝ち取ったオリンピック選手が、「あのとき大きな力が自分の背中を押してくれた」という言葉でインタビューに答えていました。私たちの人生も苦しみを通り抜けたとき、何者かの大きな手の温もりを背中に感じることがあります。

成功者の陰には必ずといっていいほど、その人を支えた人がいます。それはその人の状況がどんなものであれ、必ず成功するという確信を持ち続けてくれた、夫や妻や家族、仲間、友人たちです。一人ではできないことも、人間の深いところでのつながりと信頼と確信が、幸せや成功に結びつけてくれます。

言葉のクセは自分のエネルギーの方向を決めていく

言葉は「言霊《ことだま》」といって、力があります。

暗い言葉、嫌な言葉を使い続けていると、同質のものを呼び寄せます。

言葉のクセによって、知らないうちに、自分の中のエネルギーの方向が定められていきます。

自滅的な言葉になるか、破滅的な言葉になるか、相手をいきいきとさせる言葉になるか。

「物も言いよう」といわれるように、あなたの言葉づかい一つで、自分自身もまわりの人たちとの関係も変わってきます。

夫婦で自慢を分かち合う

ある結婚式で、かつて天皇陛下（現・上皇陛下）の侍従をされていた濱尾《はまお》実《みのる》さんが祝辞を述べられました。

「人間にとって自慢をすることはとても大事なことです。
自慢ができる安心の場は家庭です。
夫婦で夜休む前にお互いに自慢し合いなさい。
心に響くいい言葉をお互いに伝え合いなさい」

夫婦の間で一日を振り返って「今日もいい一日だった」と喜びを分かち合うなんて、本当に素晴らしいことですね。

何かをしてもらうことを喜びに

人間は、人に何かをしてあげるのは
嬉しいものですが、
相手に何かをしてもらえるのを
ゆったりと受けとめ、
感謝し、それを喜ぶ感触、
それもとても大切です。

私たちは補い合うために「違い」を与えられてきたのです

私たちはすべて違う個性を与えられてきています。
みんな役割が違います。
人生の生き方も違います。
死ぬときも違います。
置かれる環境も違います。
その「違い」こそが力です。
似たもの同士では補うことができないからです。
補い合うために私たちは「違い」を与えられてきたのです。

身内にこそありあまる心づかいを

「身内ほど出し惜しみする思いやり」という川柳があります。

身内に対しては、黙っていてもわかってもらえるという安心感と甘えがどうしてもあります。

愛情が深いと同時にわがままなものです。

自分の気持ちを表現することを省略して、些細なことで感情に亀裂を生じさせてしまいます。

身内こそありあまる心づかいが必要なのです。

誰とでも良い関係を結ぶには、まず身内からです。

「お大切に」「お大事に」というのは、日本人にとって愛の表現なのです

愛について、フランスのカンドウ神父さんが、こんなことを書いておられました。

愛という言葉は外来語だから、日本人にはピンとこない。
しかし神棚の前にいくと手を合わせ、丁寧に頭をさげる。
別れるときお互いに丁寧に頭をさげてお大切にとか、お大事にと言う。
神棚になんで頭をさげるのか？　ときくと、あそこは大事なところですから、と言う。

日本人にとって、愛とは大切、ということだとわかった。

本当にそうかもしれませんね。

自分を愛するということは、自分を大切にすることなのです。

そしてその力を育てれば育てるほど、知らないうちに隣の人を大切にしているのです。

心を一つにして一つの方向に

秋が深まると、大空を北から南へ飛んでいく雁《かり》の群れが見られます。夕暮れの寂しさの中で雁の鳴き声を聴いていると、群れがV字形になって渡っていく姿に気づきます。

雁は知恵に満ちていて、先に飛ぶ雁の気流にのって浮力を軽くし、一羽で飛ぶよりも遠くまで同じ体力で飛べるよう一つのチームワークを組んでいるといわれます。

先頭の雁が疲れると、すぐに他の雁が代わって態勢を整え、あとから行く雁は鳴き声で応援しているのです。

お互いの心を一致させて一つの方向に向かっていく雁の姿は、私たちが生きていくことの象徴であるかのように見えます。

昔から日本人が雁の鳴き声に親しみ、詩歌にも謳われているのは、雁の持つ知恵に親密感を覚えているからかもしれません。

人の話を聞くときの原則は5つ

「人の話に耳を傾ける」という言葉がありますが、人間同士の深い関わりとなる聞く力を育てる教育が必要とされています。

聞き方の原則は5つあります。

1、批判しない
2、同情しない
3、教えようとしない
4、評価しない
5、褒めようとしない

花束が川の流れにそって流れているとします。それをあなたが舟に乗って追っていきます。

主人公は花束です。

主人公は話し手の人です。

聞き手の自分は櫓《ろ》をこぎながら花束の行くほうに一緒についていくだけです。

「あなたはこういうことを伝えたいんですね。こんなお気持ちなんですね」と、相手の言葉を自分にわかるように言い換えながら聞いています。

相手の言うことをただ理解するのではなく、あなたの言うことを私はこういうように理解しましたという気持ちで聞いています。

次に、相手の言うことは吸い込みません。

話の内容が自分も同じ問題をかかえていて不安が起こっても、その状態を感じながら聞いているだけです。

そして、この問題はあなたが助けてあげる必要はありません。

あなたが側にいて、その人の言うことをよく理解しながら明確に聞き取っていれば、その人は、あなたという支えを得て、自分で深い深いところから知恵を出して自分で解決していきます。

私が嫌いな人も幸せでありますように

先日、私がお会いしたスリランカの長老、スマナサーラの話によると、生きるということは苦しみに満ちたもので、それはどうすることもできません。

「まあそんなものさ」と言っても、その満たされない気持ちをどこにもっていけばよいのでしょう。

そういうとき、その長老はどうするかというと、4つのステップからなっている祈りを唱えるというのです。

「生きとし生けるものが幸せでありますように」と最初に祈ります。

それから、「私が嫌いな人も幸せでありますように」。

そして「私を嫌う人も幸せでありますように」。

最後にまた「生きとし生けるものが幸せでありますように」。


「私たちはそんなものさ」と言ってまず現実を受け入れたら、「でも、こうなりたい」と神様に祈ってください。

ただし、そうならなければ幸福ではない、祈ったとおりにならなければ幸福ではない、とは思わないでください。それは間違いです。

「こんな状態だからこうなりたい。けれども、今のままでも十分幸せ」

そう考えてください。

幸せというのは外にあるのではなくて、自分の心の中にあるのです。苦しみは外にはないのです。

ここで、自分の欲を良い方向に向けていくということが大事ですが、良い方向というのはなかなか見えないのです。

そこで、この長老が教えてくれたのは、「役に立つこと」をしなさい、ということです。

はじめに自分に聞きなさい。

「それをするのは役に立ちますか？」

それをしている間にも自分に聞きなさい。

「これをするのは役に立ちますか？」

そして、終わってから、自分に聞きなさい。

「あれをしたけれど、あれは役に立ちますか？」

それがコツです、と長老はおっしゃいました。

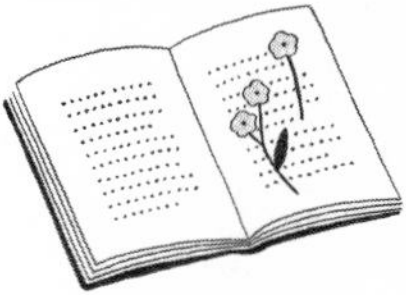

シスター鈴木秀子の自分を変える心の習慣3

サーカスの切符売り場で起こったこと

あるアメリカ人がこういう話をしてくれました。その人はもう年配の男性ですが、これは9歳の時の思い出です。

小さい時、お父さんがサーカスに連れて行ってくれました。

家はそんなにお金持ちではありませんでした。お父さんが、今日は特別にサーカスに連れて行ってあげるというので、男の子はもううれしくてたまらなかったのです。

会場につくと、切符を買う長い列ができていました。自分たちはその列のいちばん最後になりました。

すぐ前には、一〇人家族が並んでいました。それはお父さん、お母さんと八人の子供たちの、とても貧しそうな家族でした。

着ているものは質素でしたがきれいに洗濯してあり、その家族は貧しいながらも、きちんとした生活をしている人たちだと子供心にも思いました。

「サーカスってところはね、ライオンがいたり、象がいたりするんだよ。そうして象が鼻の先で輪を回したり、いろんな動物がいろんなことをするんだよ」

そのお父さんは得意になって話していました。

子供たちは二人ずつ四列に並んで、うれしそうに聞いていました。

母親のほうは、はじめて家族全員でサーカスを見にくることができた、そして夫がそういう稼ぎをして連れてきてくれたということを、誇らしげに思っているように見えました。

いよいよ切符を買う順番が近づいてきました。その家族が買えば、次は自分たちです。9歳の男の子は、とても待ちきれない思いでいました。もうサーカスのざわめきが外まで響いてきます。動物たちの鳴き声も聞こえてきます。

一〇人家族のお父さんが、切符売り場のところに立ちました。そして大きな声でほんとに誇らしげに、「大人二人、子供八人!」と言いました。それは、後ろに並んでいる9歳の男の子のところまで聞こえてくるくらいでした。お母さんもうれしそうに側に寄り添い、子供たちもわくわくしている様子でした。

ところが突然、お父さんはさっきまでの威勢の良さがなくなって、うなだれてしまったのです。お母さんは何事が起こったかと思ってお父さんを見守り、子供たちはなんか様子がおかしいということで、しょぼんとしはじめました。

そのお父さんはしばらく黙って地面を見ていました。

しかし、今度はまた勇気を出して、切符売り場のところで顔をつけ、まるで切符売り場の窓の中を覗くようにして聞きました。

「大人二枚に、子供八枚でいくらですか？」

その答えは他の人には聞こえなかったのですが、お父さんはその窓口から後ずさりすると、肩を落としてうなだれて下を向いてしまいました。

あれほど誇らしげに見えたその男の人が、小さく見えました。


突然、９歳の男の子と手を繋いでいたお父さんが、四列に並んでいた子供たちの前を通り越して、うなだれているお父さんの肩を軽く叩いて言いました。

「ここに１００ドル札が落ちていますよ。あなた、落としたんじゃありませんか？」

しょげきっていたお父さんは、思わず辺りを見渡しました。

その間に、９歳の子供のお父さんは１００ドル札を地面から拾って、そのお父さんに渡しました。そして、こう言いました。

「あなたのポケットから落ちるのを私は確かに見ました。ここには他に人がいません。あなたが落としたんです。きっと気づかないうちに１００ドルがあって、それが落ちたに違いありませんよ」

その一〇人家族のお父さんはただ黙って、手に置いてくれたその１００ドル札を見つめました。そして、相手の顔をじっと見て深く頷き、涙をぽろぽろ流して、「ありがとうございます」と言いました。

それから紙幣を持って、「大人二枚、子供八枚！」と誇らしげな声で切符を買いました。

「さあ、みんなサーカスだぞ」子供たちを先に中に入れ、振り返って自分たちに深く頭を下げました。

そして夫婦はサーカスの中へ消えていきました。

9歳の子の父親は子供の手を取って、「さあ、うちに帰ろう」と言いました。そうしてお父さんと男の子は、そのまま家に帰ってきたのです。

9歳の男の子は何も言いませんでした。

でも大人になった今、思い出してみると、自分はあのとき、人生とはどのように生きるのかということを学んだといいます。

自分の中に起こってくるいろいろな感情や考えを、良いものにしていくにはどうしたらいいのか。サーカスを見る以上の素晴らしい宝を、あの瞬間に自分は父からもらいました、という話をしていました。

これは自分で自分を変えていく、そうすると周囲も変わってくるという、まさにその瞬間を体験した話でした。

Chapter 4

自分の力をたくわえる

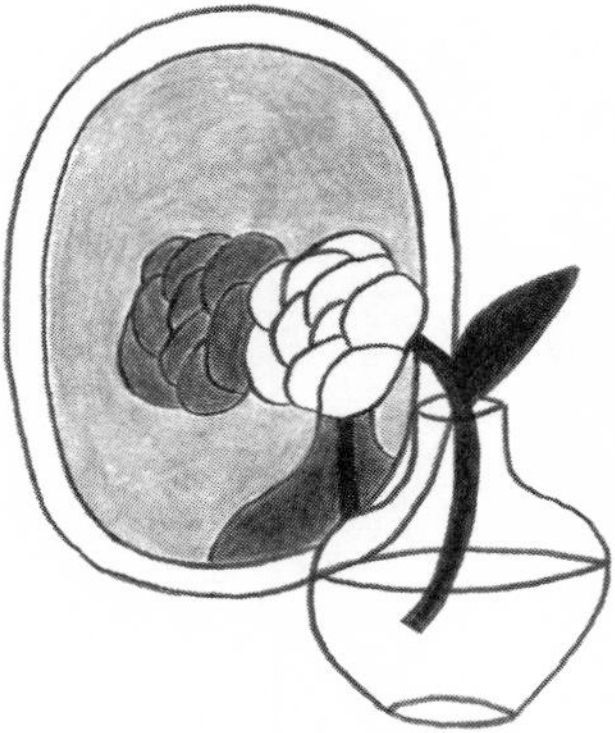

心を決めると、体もシャンとします

私たちは、本当に幸せになれると思ったら、幸せになれます。

「一点」と言って、気を丹田《たんでん》に集め、体で「よし、できる！」と決めるのです。

つまり、それが決断するということです。

「やろう」と決め、必要のない思いは断ち切る。

本当にいい思いだけを心に入れる。

いい考えだけを頭に入れると決心します。

心を決めると体もシャンとなっていきます。

突然、人生の意味が現われるとき

私たちは毎日毎日、何かと忙しく生活しています。

忙しくすることによって何かを求め、あるいは何かを避けて生き続けていくのです。

その毎日の生活の中で、突然人生というものが意味を持って、私たちの前に現われてくるときがあります。

そういうとき、きちんと人生に向かい合えば向かい合うほど、人間は高められます。またそれが、周囲にも影響を及ぼしていくのです。

チャンスは、つらい経験に姿を変えてやってくる

チャンスというものは、多くの場合、
つらい経験に姿を変えてやってきます。
だから、ほとんどの人はそれと気づきません。
でも、そのときこそ、自分が力を発揮できるチャンス、
他の人に幸せを送ってあげるチャンス、
自分も成長し輝くチャンスなのです。

声に出して話すことが大きな力となる

多くの人の前で話すと、自分の力になっていきます。

そこで話す内容は、自分自身への宣言になります。

ですから、勇気を持って多くの人の前で自分を開いてみる。

話してみると、それは大きな力になっていきます。

言葉には力があります。

良い言葉を繰り返し自分の魂に響かせるとき、自分が静まり、言霊が自分の中の良いものを引き出してくれます。

自分の魂に響く言葉をゆっくり、繰り返し、声に出してみましょう。

たくさん失った人、何も失っていない人

神戸の震災のあとに、教会でバザーがあったそうです。

家を全部つぶされ、食べるための茶碗もない人は、茶碗を一つと下着を一枚というように、ごくわずかしかもらいませんでした。

一方、大きな車で家族全員で訪れるような人たちは、何回も来ては、持てるだけのものを持って車に積んでいったそうです。

バザーを行なっていた人たちには、はっきりとわかったそうです。

たくさん持って帰るのは、何も失っていない人でした。

たくさん失った人は、最低限必要なものしか欲しがらなかったそうです。

何のために業績をあげたいのですか？

人間は何か大きな業績をあげ、
人から称賛を浴びて認められたり、
人の目につくことが素晴らしいことだと錯覚を起こします。
しかし、何のために大きな業績をあげたがるのですか。
それは自分が愛し愛されたいからなのです。
しかし、人を生かす愛がなければ、
どんなに業績をあげても何の益にもなりません。

恐れを受けとめないと怒りに、怒りを抑えつけると悲しみになっていきます

病気には耐えることができますが、その背後を襲う恐れの根源には、とても受け入れられないのではないかという思いがあります。

その恐れを受けとめないと、怒りに変わります。

怒りを抑えつけると、悲しみにくれます。

悲しみをじっくり味わってあげないと、落ち込み、無気力になっていきます。

自分の中の命のざわめきをしっかりと受けとめると、心が静まってくるのを覚えます。

困難を解決できる能力を奪ってはいけません

困難に遭遇しても、人間には一人ひとり問題を解決する素晴らしい力が備わっています。

しかし苦しいとき、一人ではなかなかその苦しさを乗り越えられません。

そのときこそ、その人の側にいて支えてあげる人が必要になります。

私たちの使命は苦しい人の側にいて、その人が解決する力を奪わずに、解決できる力を発揮できるように支え続ける人になっていくことです。

それが生きる意味の一つであろうと思うのです。

“良い気”の場所には人が集まる

古い神社や寺の境内に入ると、何か厳粛《げんしゅく》な気持ちになります。

そこはたいてい山の上とか、気のいい場所を選んで建てられています。これはヨーロッパの教会などにも共通しています。

太古の昔から、人々はこういった場所の大宇宙とのつながりの中で、良い気を授かるということを知っていたのだろうと思うのです。

ですから、皆の幸せと人々への貢献を願う人たちの集まるところは、そのエネルギーが凝結して増大し、一人ひとりの中に入っていきます。

あなたの存在が、他の人に対してエネルギーとなって助けとなると同時に、あなたもまたそれを与えられているのです。

眠りにつく前、自分を大切に扱う一日3分の習慣

一日の眠りにつく前、あなたは自分に、「今日は一日よくやったね」と、十分にねぎらってあげてください。つらいことがあったかもしれません。でもそういうことに耐えている自分を慰めてあげてください。自分のしたことを認め、もし自己嫌悪の気持ちが起こったら、そんな自分を許してあげてください。

そして、寝る前に、必ず、3分間だけ、手帳に書いてみてください。

良かったことだけを書きます。否定の言葉は入れないこと。それが原則です。

あなたが自分自身に優しさを示し、自分を大切に扱えるようになるときに、あなたは他の人に優しさを示し、他の人を大切にできるようになります。

あなたは気づかないところで、愛に支えられています

今あなたは命を与えられ、守られて生きています。私たちは生きていることがあまりにも当たり前だから、命ということを考えません。命というのは当たり前と思っています。そのように私たちは、愛は当たり前と思っています。

あなたが今日生きているということは、見えないところで、自分の気づかないうちに、たくさんの人に愛で支えられているからです。

それは、小さなさりげないことです。

残念なことに、私たちはそれに気づくことが少ないのです。そしてそれを失ったとき、いかにその人の愛が大きかったことかを体験するのです。

「ああ、なんて幸せ！」

私と一緒にお茶を飲んでいる人が、「ああ、こんな幸せってないな」と、うれしそうに言いました。

その人はひどいリウマチに罹《かか》って、体中が痛み、手も自由に使えません。

でも、

「あなたとこうして一緒にいられるのがうれしい！」

「10分間、痛みなしに座っていられるのが幸せ！」

「あなたにお茶をいれてあげることができるのが幸せ！」

ふつうの人にとっては当たり前のことを、彼女は自分にできる幸せで自分の魂を喜ばせていたのでした。

目に見えないものにも美しさを感じとれる感性

日本で育った人たちというのは、自然を見る目がとても鋭く、雲の動き一つにも美しさを感じとれる感性を持っています。

空気の流れの中にも季節を感じ、目に見えないものにも素晴らしい美しさを感じとれる感性を持っているのです。

私たちの文化的遺産の中には、月を愛《め》でる言葉や月を喜ぶものがたくさんあります。

しかし、外国に行けば「月は月じゃないか」と言う人がたくさんいます。

いろいろなところに素晴らしさ、良さを見分ける力を、日本人は伝統や文化的遺産の中に見いだして育ってきました。

素晴らしいものを与えられていると思います。

ですから、私たちは毎日の生活も、もっと深く素晴らしいものにしていくことができると思うのです。

微笑みの値打ち

私の好きな「微笑み」という詩があります。

微笑み――それは人に与えても一向に減りはしない。しかし、貰った人を限りなく豊かにする。

微笑み――それは人生のあらゆる問題に対して神の与えたもうた妙薬である。しかし、この微笑みは金で買うことも、人から借りることも、盗み取ることもできない。

微笑み――それを生み出すのに時間は少ししかかからない。しかし、それを受けた人の記憶の中には永遠に残ることさえある。

微笑み——これがなくても生きていけるほど強い人はこの世にいない。これがなくて豊かな人もいない。

微笑み——それは家庭の中に幸福をつくりだし、職場に善意を培《つちか》い、友情を養う。

微笑み——それは疲れきった魂に安息を与え、失望した人に励ましを与え、悲しい心に光をもたらす。

それはあなたの心の奥底から湧きだして、惜し気もなく与えられたときだけ値打ちが出てくるものである。

ある人々はあなたに微笑みを与えることができないほど疲れている。

だからその人に微笑みをあげることのできるのはあなたである。

右脳と左脳、それぞれに役目があります

右脳は、人間に調和と一致と喜びと愛とひらめき、そういうゆったりとした力を与えます。

逆に左脳だけを使うと、分析をして、違いを強調して分裂に向かっていきます。計算をして、比較が始まります。

そうすると嫉妬心が起こってきます。

しかし、左脳は、右脳の知恵を現実化するという大切な役目を持っていますから、両方必要です。

両方の脳のバランスをとっていくことが大切なのです。

日常生活の中で、

「あの人は何か輝いている」

「あの人のそばに行くと何かちょっといいことが起こるんだよね」

「あの人のそばに行くと何か良い考えが浮かぶんだ」

という存在の人がいます。

その人は右脳の知恵を左脳に渡すことを無意識のうちにしているのです。

ふだん3パーセントしか使っていないという右脳を1パーセント多く使うだけで、人間性は素晴らしく成長していきます。

右脳が使えるようになるよい訓練のひとつは、瞑想することです。

自分のエネルギーを保ち続けるための朝の習慣

エネルギーを保ち続けるために朝できる簡単な瞑想法です。目覚めと同時に始めると効果的です。わずか30秒でできますから、習慣にしてください。

▼まず深呼吸します。吐く息にのせて、体の中に溜まっているストレスを吐き出しましょう。

▼朝の7時の爽やかなイメージを思い浮かべます。実際の時間には関係なく7時をイメージします。

▼落ち込んでいるときは、幸せな気分の楽しいことを思い浮かべます。
▼いきいきしてうまくいっている、肯定的なイメージを描きます。
▼自分がこうなりたい、いきいきしている、ニコニコしている状態をイメージします。
▼大きく息を吸い、大宇宙のエネルギーを体中に満たします。
▼お互いの支えの中で、エネルギーを送り合いましょう。絆で結ばれている人の支えが力になります。

人を許す。自分自身を許す

とても大切なことなのに、私たちがなかなかできないのが「人を許す」ということです。

自分自身を許す、人を許すことは、非常に必要なのに難しいのです。

とてもいい方法があるのでやってみましょう。

小さな許せないこと、たとえば足を踏んだ、約束したのに来なかったという人を思い浮かべてください。

そして、心の中でその人に次のことを呼びかけてください。

・誰々さん、あなたはこういうことをしました。（事実）

- 私はこうしてほしかったのです。（期待）
- 私はこうしてほしかったのに、あなたはそれをしてくれませんでした。（事実を述べる）
- だから、私は自分の期待をキャンセルします。
- そして、私は楽に生きます。

息を深く吸って、その人にエネルギーを送ります。
自分の中に愛と癒しを満たし、相手に愛と癒しの〝気〟を送ります。
安定して、いきいきしている自分をイメージします。

奇跡を起こした人の3つの共通点

重篤《じゅうとく》ながんから奇跡的に回復された方、不幸から立ち直った方には3つの共通点があります。

まず第一に、現実に起こっていることと決して闘わないことです。病気や苦しみ、災いを前にして、あたかも自分が全能者であるかのごとく、ああすればよかった、こうすればこんな目にあわなかったのにと思い煩《わずら》うのではなく、「過去からは学ぶだけ、起こったことは感謝して受け入れ、それを将来に生かす」と明るく前向きな考えを持っています。

二番目は夢をかかげていること、志を高く強く持っていることです。苦しみを引き受け、それを乗り越えようとしています。

病気であることを受け入れ、気持ちが治まったら、もっと生きようと将来に希望を持ち、夢を持っています。

三番目は、もしも生き長らえることができたら、残りの生命を他人のために生かしたいと強く願っていることです。

同じ状態が続くはずがないと信じ、明るい面を見続けることで、人間は変化し癒されます。これは人間の本能です。他の人のために祈ることで、自分が輝き光を放つことができます。

ですから、病気だけでなく、苦しみ、不安、恐れ、すべてを受け入れて、いい方向を見続けることで、あなたが自分を変える力を持っている、孤独ではないのだと確信し、実感していくことが大切なのです。

あなたの一生を助ける聞く力「アクティブ・リスニング」

「アクティブ・リスニング」というものをご紹介します。どうぞ日常生活の中でやってみてください。

これには原則があります。まず話す人と聞く人という関係をつくります。

その際、自分が話す人になったときは、リラックスしてください。

そして自分が言っていることと気持ちが一致しているかどうか、自分の心と調和しているかどうかに注意を向けてください。

相手がどういう反応をしているかは無視してかまいません。

話しているときの手振りやしぐさも、不自然ではなく自分の気持ちと一致しているかどうか、自分自身に気づいていってください。

聞くほうになったときは、相手の言うことはそっと聞いてください。

「それは違う」

「もっと良い考えがある」

「かわいそうに」

「そうじゃなくて」

というようなことは一切考えないように注意します。

とにかくその人が言っていることを信頼しながら追っていってください。自分をなくし、相手と一体になります。

そして、その人の言うことをよく聞いて、それを言い換えます。

繰り返すのではなく、自分の言葉で「私はこう理解しましたが、良いでしょうか」ということを伝えるのです。

たとえば、話す人が「私は雪が降ると、子どものときにお使いに行ってとても怖い思いをしたことを思い出します」と言ったら、「今日の雪景色は、あなたの怖かった体験を引き出すのですね」というふうに。

とくに感情を伝えられたときは、それをつかまえて理解したことを自分の言葉に言い換えて伝えてください。

「私はこう聞きましたが、あなたのおっしゃったことはこれでよろしいでしょうか」という態度で聞きます。

話の内容は関係ありません。「この人が言おうとしていることは何か、どんな〝感情〟を伝えようとしているのか」ということをつかまえてください。

すると、話すほうは「違う」とか「そうです」とか自然に答えてくれます。

何を話すか、それは何でもいいのです。今持っている望み、あるいは自分にとって素敵なこと、こんな宝が今自分の中にあるということでもいいのです。

今欲しいもの、将来こうなる、三年後にはこうなっているとか、そういうことを話してみてください。

そして、5分たったら話すほうと聞くほうを交換します。5分間話を聞き続けるというのは大変な集中力がいることです。いかに聞くということが集中力を要するか体験してください。

これは人間関係を良くし、身につけていればどこででも、自分と相手を幸せにできる強力な力になります。

何より一生を貫く大きな助けになると思います。

シスター鈴木秀子の自分を変える心の習慣4

勇気はどの人の中にもある「素質」です

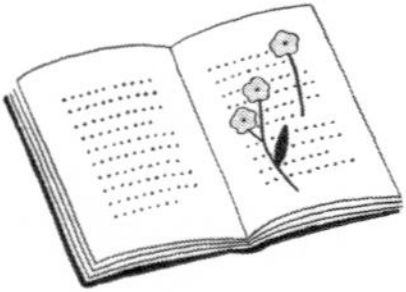

私たちは自分だけで生きていると思いがちですが、大海の水の一滴なのです。

みんな大海で繋がり合っています。そして、一つの命を分かち合って生きているのです。

「命の分かち合い」ということで私が思い出すのは、戦前、長崎に来て宣教活動をし、第二次世界大戦中にナチスに殺されたマキシミリアノ・コルベ神父という方です。

コルベ神父は、一八九四年一月八日、ポーランドに生まれました。ドイツのナチスによって、反ナチス運動を展開したという理由でアウシュヴィッツに送られます。

多くの人々が悪いこともしないのに、ユダヤ系であるとか、反ナチスであるという理由で捕まえられ、アウシュヴィッツという収容所に入れられ殺されました。

コルベ神父が収容所に入れられた最初の晩に、その収容所の所長は、丸坊主にされ縞の服を着せられた人々を前に、「お前たちの出口は、あの向こうに見える大きな煙突しかない」と宣言します。そして次の日から重労働をさせられます。

このような状況の中にいると、誰もが生き延びたいという生存本能から、次第に感情を鈍磨させていきます。感情があってはとても生きられないので、感情を消して、言われるままにただ従っていくしかありません。

時には生きたいがために逃亡する人もいました。しかし、一人の逃亡者が出ると、見せしめに一〇人の人が死刑になるのが常でした。

それは一九四一年七月末のことでした。

その収容所で一人の逃亡者が出たために、健康そうな男性が一〇人選ばれ殺されることになります。そのとき、その中の一人が、「私は死にたくない、家には妻も子どもも待っている」と大声で喚《わめ》きました。

その声を聞いたとたんに、選ばれなかった一人の男性が前に出てきます。

その男性は恐れることもなく、非常に自然で、平静さを保ったまま、横暴な所長の前に立って、「私はカトリックの神父です。妻も子どももも家庭もありません。だから私はあの人の身代わりになります」と申し出ます。

それがコルベ神父だったのです。

コルベ神父を含む一〇人は地下の餓死室に入れられます。餓死室というのは、小さい部屋に身動きもできないくらい何人も詰め込まれ、食べる物も水も与えられないまま死に至るという、もっとも過酷なところでした。

そういう状況の中で、コルベ神父が入った部屋だけは、全く違う雰囲気が広がっていたのです。

たくさんの餓死室が並んでいて、労働を拒んだり、反抗的だったりする人たちはみんなそこへ入れられ死んでいきました。人間は食べものがなくても、水さえあれば、しばらくは生きていられるといわれますが、そこでは水一滴与えられません。

ところが、一人の逃亡者のために選ばれたこの一〇人は、なかなか死にません。

他所《よそ》からは、うめき声だけが聞こえる中で、コルベ神父が収容された餓死室からは、朝から晩まで祈りの声と賛美歌が聞こえてくるのです。

二週間経っても、コルベ神父を含む四人の人にはまだ息があったため、最後には注射で殺されました。

コルベ神父と共にいた人たちは、注射をしにきた人に、「自分たちはコルベ神父のおかげで、今日まで生きることができました」と言いました。

コルベ神父は一人ひとりを励まし、とても大事にしました。どんなにつらい状況にあっても、自分をこんなにも大事にしてくれる人がいる、心をかけてくれる人がいる、その思いだけで水もなしに一四日間生き延びたのです。


コルベ神父には一つの信念がありました。それは暴力に対して暴力をもってくれば、ますます暴力は大きくなる。だから暴力に対するとき、暴力に打ち負かされないものは愛しかない、という信念をもっていたのです。

それは暴力を許すというのではなくて、自分はその暴力には打ちのめされない。あなたのしていることは悪いけれども、あなたの中には神様が生きていらっしゃるから、そういう存在であるあなたの人間性を尊重します、というゆるがぬ信念があったのです。

作家の曽野綾子さんはコルベ神父の生涯について書こうと思い立ち、ポーランドへ調査に行きます。そして、コルベ神父が身代わりになったガヨウィニチェクという人の家を訪れます。

この人は39歳のときに救われ、ポーランドの我が家に帰ってくることができました。そのときに奥さんが迎えてくれるのですが、奥さんが最初に言ったのは、

「我が家に何が起こったか知っていますか」

という言葉でした。

彼はもちろん何も知りません。彼には二人の息子がいました。その息子たちのために命を救ってもらったのだと、希望に満ちて帰ってきたのです。

すると、奥さんが「息子は二人とも、ロシア軍が攻めてきて殺されました」と言いました。

そのとき、彼は自分が何のために一人の人を自分の身代わりにし、命を差し出させて、自分だけ生き延びたのだろうと絶望に陥《おちい》ります。

このときから、この人も苦悩の一生を歩みだすことになるわけです。

コルベ神父が命を投げ出して救ったのは、この人だという噂がたつと、いろいろ中傷する人もでてきます。命を救われたからといっても、決して生易《なまやさ》しい人生ではなかったのです。

一人の人間としてコルベ神父という人は、頑固だったし、短気だったし、人に強制もしたし、自分がこうだと思い込んだことは曲げずに一徹《いってつ》にやっていく、そういう強さがあったといいます。神父はアウシュヴィッツでの苦悩を乗り越えたがゆえに、それが優しさに変わっていった。

そして、最後までコルベ神父にあったのは勇気だったというのです。

勇気というのは、どの人間の中にもある素質です。

しかし、その勇気とは、危機になったときに、突然、現われてくるものではなくて、毎日毎日の鍛錬によるものだといいます。

コルベ神父の一生を見ていると、毎日毎日の苦悩の中で、希望をもって生き、より人間らしく生きるため、自分を鍛錬しました。

コルベ神父の発揮した勇気というのは、長年にわたって自分の中に培い育て上げたたまものだったということです。

Chapter 5

苦しみを自分の一部として受け入れる

人間が成長するために必要なものとは

私たちはこの世に、自分で自分の人生を計画して生まれてくるといわれています。あの世からこの世に来るとき、こういう道を通って、人生を完成して、天国に帰っていこうという設計図を持ってくるといわれています。

そして、人間が成長するには苦しみが必要なのです。

死の間際まで悪人であっても、最後の死の瞬間に恵みが与えられて、いちどきに成長するといわれています。

人生のいつどこでその人が一度に成長をとげるかはわかりません。

人は死ぬ瞬間まで尊い命を小さい苦しみを通り過ぎながら、成長をとげているのです。

苦しみを意味のある存在にするために

人間生きている以上、苦しみのない人生はないといわれます。

それは病気であったり、家族の問題であったり、将来への不安であったりと、さまざまです。

しかし、苦しみは苦しみのためにあるのではありません。

人は苦しみによって成長することができます。

あなたには苦しみに打ち勝つ力が備わっています。

勇気を持って苦しみに立ち向かうとき、苦しみはあなたにとって意味のある存在となります。

苦しみには、明日、立ち向かえ

聖書に、「明日、彼らに向かって出陣せよ」という言葉があります。

彼らというのは、現実に起こった苦しみのことです。

「明日、苦しみに立ち向かえ」ということは、今日ではありません。

まず、今日は静観して自分の中に起こってくる恐れや不安、心配事をじっくり味わって、嫌な感情に耐え、眺めていなさい。

そして知恵が湧いてくるのを待ちなさい。

その知恵を使って解決していきなさい、という教えです。

今いちばん果たすべき目的は何か、目標が定まってきます。

乱れた感情のまま行動してはいけない、という戒《いまし》めです。

自分の無力を徹底的に味わう

怒りや悲しみ、悔しさや妬《ねた》みの感情が湧き起こって、自分の弱さ、欠点から自信を失い、ゆきづまって絶望に陥ることがあります。

しかし私たちにとって大切なことは、自分のみじめさを真正面から見つめ、自己の無力を徹底的に味わうことです。

時間をとって自分を責めず自分の気持ちと正直につき合ってあげるとき、あなたの気持ちが静まって、どこからか心地よい風が吹いてくるように、自分の中にさわやかさが湧き出てきます。

そして解決の糸口をたぐり寄せ、人生における前進が用意されるのです。

過去をエネルギーの源泉にする方法

過去に起こった出来事は変えられません。

たとえ嫌なことや不快なことであっても、

「あのことがあったから、むしろよかった」

「嫌だ嫌だと思っていたことも、けっこう面白いことだった」

と思い出すと、過去はいきいきとして自分にエネルギーを与えてくれる源泉になっていきます。

闇の部分の過去も、明るく捉えられるようになると、あなたの未来は希望で輝いてきます。

嫌なことはたった一つなのに……

私たちは、たった一つの嫌な出来事にあうと、もう人生は真っ暗だと思いがちです。

人間はそうした習性を持っています。

そして他にいいことがあるのに、そのたった一つのために、それをすべて帳消しにしてしまいます。

良いことと悪いことのバランス感覚でものを見る力。

それを自分の中に育てることが大切です。

その努力が人間の成長につながるのです。

「罪の意識」には何の意味もありません

自己嫌悪や後悔がいかに自分を苦しめるか。

私たちはつまらないことで落ち込むベテランになってはいないでしょうか。

罪の意識というものを拭い去ってください。

罪の意識は何の意味もありません。

自分を苦しめるかわりに自分に問いかけてください。

「この経験を、これからどれだけプラスに活かすことができるだろうか」

いつも覚えておいてください。

いかなる限界においても、自分は愛されている、そして許されている、常に自分を守ってくれる、人間を大きく越える力があるということを。

まず自分の同伴者になってください

苦しみのとき、本当にその苦しみをわかって共に担ってくれる人が、いちばんの慰めになります。

そして、そんな人がまわりにいればとても幸せです。

それにはまず第一に、自分自身に対して、自分の同伴者になることです。自分自身に、自分が、その苦しみやつらさをわかってあげる人になることです。

そのためには自分自身と仲良しになることです。あなたを生かしてくれる大きな存在が、あなたの存在を許してくれているわけですから。

また、自己嫌悪や後悔に自分が蝕《むしば》まれ、自分を苦しめているときも、あなたは許されています。そう感じなくても許されているのです。

不完全さが人間を育てる原動力

人間は男女二つに分けられて相補《あいおぎな》うように生まれてきます。また人類は9つの性格に分けられていて、どこか自分は完全じゃないという意識を持って生まれてきます。

誰しも心の深いところにぽっかりとあいた穴のようなものを持って、寂しさ、孤独などの満たされないものを死ぬまで持ち続けます。

しかし、それこそ常に素晴らしいものを求め続け、人間を育てる原動力になっているのです。それがあるからこそ、芸術が生まれる所以《ゆえん》でもあるわけです。

まず、人間は不完全であるということを受け入れることから始めます。そして、その穴を埋める努力を重ねることによって心を満たし成長していくのです。

一つの荷物を捨てると次の荷物が背負える

いきいきとして幸せそうに見える人は、どんな苦労があっても、その苦労によってますます自分に磨きをかけていきます。苦労を乗り越えることで、その人の魅力は増しているのです。

自分で自分を幸せにしていき、その波動をみんなに伝えていく、そういう存在になっていけるのです。

いろいろなことがありますが、それをきちんと、そして小粋《こいき》に自分の一部として背負っていきましょう。そして必要が消えたならその荷物を捨てましょう。

そうすれば、次の苦労が来ても、それをきちんと背負えるだけの力がすでに備わっています。

月謝を払って何を身につけますか？

人は生きていくうえでいろいろな苦しみを味わいます。

それは月謝のようなものです。月謝を払って素晴らしいことを身につけていきます。

運転免許をとるにも月謝を払います。学校へ行くのにも月謝を払います。月謝を払うことによって、何かを代わりに身につけていきます。

では、その「何か」とは何でしょうか。つらい代償を払って何を得ていくのでしょうか。

苦しみという月謝を払うことで身につけていくことは、自分自身を愛すること、他の人を愛すること、すべてを満たすことにつきます。

病気があっても幸せは変わりません

私のところに病気で苦しんでいる人からたくさんの手紙が寄せられます。

私はこの方たちの名前をリストにしてお祈りをします。

その中で病気が治ったとか、痛みはあるけれど悩まなくなったとか、とてもいい報告をしてくださる方があるのです。

これは私に祈りを頼めば病気が癒されるとか、奇跡が起こるとか、そういうことではありません。

しかしこういう人を見ていると共通点があるのです。

それは今まで病気と闘っていた人が、病気には意味があって起こる、病気があっても人間の幸せは変わりない、つらい苦しいことには違いないが、不幸とは限らない、そしてそれを受け入れ、現実と闘わない。

それが共通点の一つです。

そしてその次には、今与えられていることに対して、それを生かそうという気持ち、感謝の気持ち、何か温かい気持ちを持っていることです。

そしてその人たちは自分自身で苦しみを通して、自分を愛することを身につけて育てているような気がするのです。

人・もの・出来事、存在はすべて繋がっています

人はなぜ苦しむのでしょうか。苦しみを知らない人間なんていません。それは自分と誰か、あるいは自分とものやいろいろな出来事など、自分と何かを切り離しているからなのです。それを自分の一部として受け入れていないからなのです。

生命科学者の柳澤桂子さんは、般若心経を訳した『生きて死ぬ智慧』（画・堀文子）という本を書いています。この方は原因のわからない病気で、長い年月、つらい病床生活を送ってきました。

何がいちばんつらかったかというと、原因がわからないので、お医者さんたちにも「わがまま病ですよ」と言われて、誰からも理解されなかったことでした。でもあるとき、一人のお医者さんが病気の原因を見つけてくれて、かなり治ってきました。

その間、般若心経を読んで、深く考えながら瞑想するようになりました。

そのきっかけになったのが神秘体験でした。憂うつで眠れなかった明け方に、ふと、朦朧《もうろう》としていた意識から覚めて、突然、明るい炎に包まれているような感じがしました。

大いなるものに包まれている。あたたかい光に包まれている。そして、自分の存在が素晴らしいものに包まれている尊い存在なのだと実感したのです。

幸せそのもの、至福そのものの中で、「ああ、自分が今、いのちがあるということは、こんなにも素晴らしいことなんだ」ということを体験するのです。

この方は科学者ですから、それまではいろいろなものを実験の対象として見ていました。花は花、水は水として、自分とは切り離されたものとして見ていました。

しかし、その瞬間、すべてがぱっと一つに繋がったのです。そうして人間というのは、この世にいのちがあって生かされていて、人ものもすべて自分の続きなのだとわかったのです。

すべてのものは原子になり、さらに小さくなって粒子になります。すべては行き着けば粒子です。粒子というのは、みんな繋がっています。つまり、この存在自体が全部繋がっているわけです。

柳澤さんは神秘体験をした後で、般若心経を生命科学者としての視点から訳していきました。今までの難しい般若心経の翻訳とは違って、みんなに伝わるようなシンプルな言葉で、２６２文字の真髄を記しています。
次も般若心経の中の言葉です。

お聞きなさい。
あなたも　宇宙のなかで
粒子でできています。
宇宙のなかの
ほかの粒子と一つづきです
あなたと宇宙は一つです。

ある人は、手は自分ではないというかもしれません。
ある人にとって手は頭脳だといいます。手は眼だといいます。だから手がとっても大切だといいます。

魂が手にこもっていると考える人もいます。手だって私なのです。そうして距離をおいているあなただって、私なのです。

では、犯罪を犯す人とも一体ですか？

そうです。一体なのです。そのような人は、私たちの弱いところを見せてくれているだけなのです。私たちが自分の弱さを発揮しないように、自分の中にあるそのような力を使わないように示してくれているだけです。

その人たちが本当に良くなるように、私たちにできることは、気を送ること、祈ること、愛を送ることです。

頭で考えることをやめると、心の深い直感が働き始めます

人が苦しむのは、自分の中の弱さをとても嫌なものとして、自分から切り離してしまうからなのです。
たとえば、誰かが自分の悪口を言ったりすると、すぐに自動反応して「あの人は嫌な人」と思います。そこに距離をおいて、「あの人はどうしてそんなことを言うのだろう」と考えてみることが大事です。

柳澤桂子さんは、神秘体験をしてから、般若心経を読んで自分のエゴに気づきました。自分というものを捨てなければ、無にならなければと思っても、自

分が捨てられないのです。捨てるにはどうしたらいいのだろうと悩みましたが、解答が得られません。

少しずつ寝たきりだったのが電動の車椅子で動けるようになり、外を出歩けるようになりました。大変な喜びでした。

特に桜の季節はうれしくて、まるで満開の桜の下をオープンカーで走っているような感じだったといいます。

あるとき、桜の咲いている下を、電動車椅子に乗って、いい気持ちで移動していました。

すると一人のきれいに装いを凝らした見知らぬご婦人が、通りすがりに、電動車椅子に乗っている柳澤さんに身をかがめて、

「大変でいらっしゃいますね」

と言いました。

そのとたん、柳澤さんにわっと自動反応が起こりました。

「同情なんかしてもらいたくない。

あんなきれいなかっこうして、元気いっぱいで、こんな車椅子に乗らなくちゃいけない私を哀れんでなんかもらいたくない」

そういう気持ちが瞬間的に起こったのです。

そのまま桜の下を進みながら、胸がむしゃくしゃしました。そして大きな桜の幹のところにきて止まり、はっとしました。

あの婦人は、単に私が車椅子に乗っているのを可哀想だと思ったに違いない。温かい心で優しさを溢れさせてその気持ちを伝えてくれたのです。親切な言葉をかけて、今は気持ちよく歩いているに違いないと思ったのです。

そして、むしゃくしゃしているのは、自分の頭の中だけだ。

頭であの人は自分を哀れんでいると考えたのが心に影響して、心が波立っているのだ。それは自分の中にだけあることなのだ。脳天から打ちのめされたように、そう感じたのです。

頭が静まれば、心の深い直感が働きます。

柳澤さんはそう気づくと、般若心経でいう呼吸というものに意識を移しました。頭で考えることをやめたのです。

頭で考えることをやめると、野の花のように楽に生きられます。どんな雪の中でも、野の花は、雪にうずもれながらも春を待っています。文句なんか言いません。

強い風がきても、しなやかにしなって、また春が来るのを待っています。

野の花は、頭を使いません。

在ることが大事。

あなたが存在することが大事。

今、ここにいること。あなたがあなたで在ること。

誰かになる必要はない。

何かになるために努力はしなくていい。

あなたは今在るあなたでいいのだ、ということに焦点を合わせます。


あなたがちょっとでも平和を築けば、それは波動に乗って全部繋がっていきます。あなたが自分を責めると、また人類全体が責められていきます。

私たちはそういうようにして繋がっていきます。ですから人の幸せも共に喜び合うことが大事なのです。

私たちは共にエネルギーを出し合い、共に人の痛みを分かち合い、幸せを喜び合います。あなたから幸せが社会に広がっていくように、1ミリずつ、共に成長していくことを目指していきます。

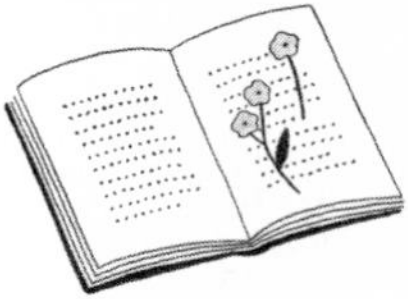

シスター鈴木秀子の自分を変える心の習慣5

病気の人は周りを浄化しています

私がよく病院へお見舞いに行くと、「申し訳ない、申し訳ない」と言う病人が多いのです。

病気になると、痛みもあり、苦しみやつらさもあります。

「こんなに苦しんでいらっしゃるのに、どうして申し訳ないとおっしゃるのですか」

そう聞くと、多くの人がこう言います。

「何の役にも立たなくて、みんなの世話になってばかりで申し訳ない」

それはなぜでしょうか。それは人間の中に、人の役に立つことがいちばんうれしいという本能があるからです。
でも病気になると、その本能を満たすことができません。病人は人の世話になったり、人にしてもらうばかりで、自分は何も人の役に立たないと思いがちなのです。でも本当はそうではないのです。

苦しんでいる人類は、一つの体のようなものです。歯が痛いといえば、手は痛くないけれども、歯の苦しみは手も感じます。歯は、手や足の代わりに苦しんでいてくれるのです。そして悪いところを治療し直してもらいます。

私たち人類も一つの体のようなものですから、病気で苦しんでいる人は、私たちのために苦しみを捧げてくれているのです。そのおかげで、私たちは健康に向かったり、清められたりして、良くなっていくわけです。
このようにして、病気の人たちがたくさん苦しむことで、たくさんの人たちが浄化されていきます。病人はそういう役割を果たしていきます。
ですから、病気になって申し訳ないどころか、他の人にはできないことをしているのです。

病気の人はつらい痛みや手術の恐ろしさに耐え、先が見えない不安を抱えています。この先、必ず健康になるかどうかわからない不安や怖れ、そういったものをみんな一身に引き受けています。

周りの人がどんなに愛情深くても、代わってあげることのできない、そういった苦しみを一身に引き受けて、そうして苦しむことによって、他の人たちを浄化しているのです。

病気の人は、病気の人にしかできない大きな使命を果たしながら、人類に貢献しています。

ですから、病気になっても、申し訳ないと思う必要はまったくありません。

みんなのしてくれることを、ありがたいと思って受け止めたときに、それが良い波動になって周囲に循環していきます。

Chapter6

自分の可能性を最大限に引き出す

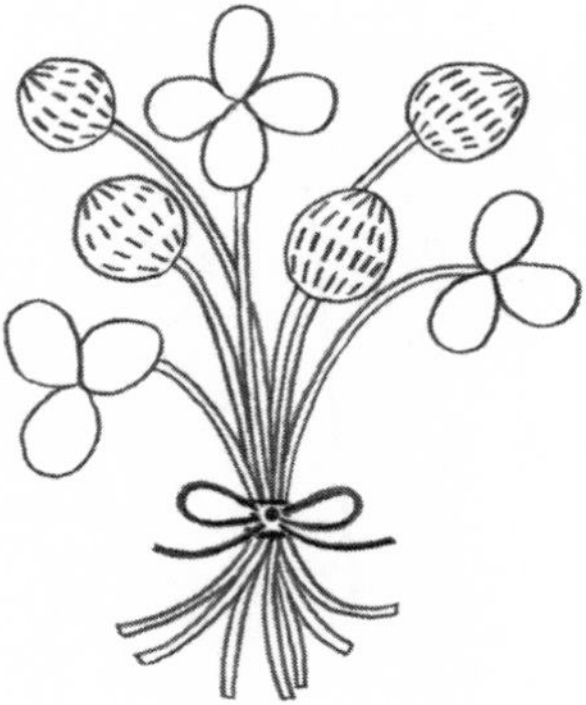

私たちを突き動かしているもの

私たちは毎年、毎週、そして毎時間、「今、ここ」で生き続けているわけですが、必ず一つの欲求に基づいて突き動かされているといわれます。

その欲求というのは、「自分は孤独でありたくない」ということです。

ですから、それを避けることから始めます。

裏返してみると、それは「自分の存在が誰かから理解され、受け入れられ、大切にされ、愛されたい。そして自分も誰かの役に立つような存在でありたい」という欲求なのです。

人間はそのためにすべてをするといわれています。それは私たちの生きる根源なのです。

100パーセントの能力のうち、使っているのはわずか0・3パーセント

自分を受け入れることで、自分が成長していく可能性がいっぱいあることを信じましょう。

100パーセントの能力がありながら、私たちが使っているのは、わずか0・3パーセントだといわれています。

とてもすぐれた人でも3パーセントしか使っていないそうです。

しかし、無尽蔵の可能性が我々の中には込められています。

それを引き出す大きな力が、瞑想なのです。

過去は変えられません。過去から学ぶことは感謝です

私たちは過去にあった出来事を記憶の中に刻んで、それが今も続いているかのように過去を引きずってしまいがちです。

あなたに生命が与えられて生きているのは、今この時間だけなのです。

実際に起こってしまった過去は変えられません。

心の中で思い出して、それをマイナスに受けとめると、マイナスのエネルギーになって、人生の大切な時間を汚染します。

過去からは感謝を学ぶことです。もしも同じことが起きたら、同じ失敗は繰り返さないことです。過去はその方法を教えてくれているのです。

「未来は夢の美しさを信じる人のもの」

未来は夢の美しさを信じることができる人のものです。

「苦しみの最中、夢を描くことなどとてもできない」と、人はよく言います。

それでも夢を持ち続けていてください。

必ず夢は実現する、かなえられると信じ続けてください。そうすればいつの間にか夢がかなっているはずです。

欲張りすぎてはいけませんが、常識的に見て、人間として温かい夢は必ず達成しているはずです。

「未来は夢の美しさを信じる人のもの」

この言葉を書きつけておいて、ときどき思い出してください。

今日の目標をノートに書く

私たちは何かをしようと思っても、目に見えないものを、具体的に目標としたり、また、その成果が見えないとなかなか実行できないものです。

私の修行時代、朝から晩まで沈黙の中で、明日はこういうことを努力しましょうという目標を決め、実行したことを小さな手帳につけていました。

それがとても助けになりました。

それを思い出して、今日一日こういうことをしたらいいだろうということをノートに書いてみることをおすすめします。

「あたかも幸せであるかのように」

かの有名なシェークスピアは、「アズ　イフ」という言葉を、好んで使いました。

「アズ　イフ」は、〝かのように〟という意味です。

自分が「幸せであるかのように」、嫌いな人には「あたかも親友のように」振る舞ってみます。

いちばんいい状態が起こると決めて、そのように生きてみることです。

無理をしないで楽しんでやってみてください。

はじめは少しぎこちなくても、あなたの人生を変えていきます。

想いは潜在意識に働きかけます

想いは大きな力を持っています。
自分がそうなりたいと願う姿、
家族が仲良くしている状態、
病人がニコニコしている様子、
元気で幸せそうな子どもなど。
ただ思い浮かべるだけでいいのです。
想いは潜在意識に働きかけます。
潜在意識は判断力を持ちませんから、頭で思ったとおりに働いていきます。
そして自分がイメージしたとおりに実現していきます。

言葉と想いが同じものを呼び寄せます

私たちはふだん何気なく言葉を使っていますが、
その言葉と想いが現実をつくりだしていきます。
それは内なるものが外に現われるわけですから、
まわりをよくしていこうとするならば、
自分の内を常に穏やかで平静に、調和を保つことが肝要です。
人の悪口を言う。
人を許せない。
そういう言葉はそれと同質のものを、
自分に呼び寄せてしまう力となって返ってきます。

良いものは、知らないうちに入ってくる

私が茶碗作りに熱中していた頃、よく美術館に通って芸術品といわれる作品を鑑賞していました。

ある日、稽古のときに先生から、

「何か良いものを見られましたね」

そう言われたことがあります。

先生は私が美術館に行ったことはご存じないのです。

常に良いものを見つめていると、知らないうちにそれが自分の中に入ってきて、自らを豊かにしていくのですね。

時には「今のまま」も大事な解決策

何が起こってもすぐに結論を出して解決を急いではいけません。

「ちょっと待てよ。事実は何なのか」

状況をしっかり把握します。

そして頭を働かせて解決への方法を三つ選び出します。

最後の一つに「今のまま」というのを必ず入れておきます。

この、どう対処したらいいのかという訓練を自分に課していると、起こってくることもだんだん受け入れられるようになってきます。

よく眠れた朝に爽やかで豊かな気持ちになるのはなぜ？

眠りを奪われたご婦人の話です。

四六年間眠ることができなかったロシア人の婦人がいました。

彼女は、あるときふと眠れなくなってしまったそうです。ベッドには入るものの、横になったとたんに気分が悪くなって寝ていられないのです。

そこで、起きて編物をしたりしながら夜を過ごしました。朝は眠らなくても元気だそうです。ですから、日常生活に不便はありませんでした。

四六年たったある日、突然眠りが訪れました。ゆっくり眠って気分のいい朝に、眠りをもう一度与えられた喜びの大きさと対比して、いかに孤独な人生を生きてきたかをつくづく話しました。

「眠れないということは、普通の人にはわからない孤独です。それは、単に一人で起きているというだけの孤独ではなかったのです。すべての人から切り離された寂しさでした」

私たちは眠ると、顕在意識がだんだん薄れ、潜在意識に入っていきます。この深い眠りの間に、意識を超えた魂の部分で愛を交流し合って、朝、目覚めるのだそうです。

ですからよく眠れた朝というのは、体が休まっているだけでなく心も蘇《よみがえ》ったような、豊かで爽やかな思いで目覚めます。

それは深い愛の交流によって、魂がエネルギーをもらっているからこそです。

「そういう交流から切り離されて夜中一人で起きている、愛の交わりの中に入れない、それは人間にとって限りない孤独です」

ご婦人はそう語っていました。

命あるものはすべて価値がある

ある老人ホームにアルツハイマー病のおばあさんがいました。

看護士さんたちはホームに着くと、まず最初にそのおばあさんのところに行きます。

疲れると、そのおばあさんのところに行きます。

そのおばあさんはすべてのことを忘れてしまったのですが、いつもニコニコしていました。

ですから疲れると、みんなそのおばあさんからエネルギーをもらうわけです。

おばあさんは何もしません。ただベッドの中にいてニコニコしているだけです。

ベッドの中にいて、ただブツブツ嫌なことを言う人も中にはいます。

「そういう人も価値があるのですか？」

そう言った人がいました。

もちろん、そういう人も価値があるのです。

神さまはいろいろな働きをして、いろいろなことを教えてくれます。

命があるというそれだけで、刑務所にいようが、家に閉じこもって「自分は悪い人間だ」と自責の念にとらわれている人であろうが、神の与えてくれた命があるものはすべて価値があるのです。

その価値を生かすかどうかで「人となり」が違ってきます。

「○○は幸せ」「○○で幸せ」

人間の思考には、「こうでありたい」という願いの裏に、「こうなったらどうしよう」という反対の力が無意識のうちに働きます。

ですから、

「健康になりますように」を――「健康は幸せ」。

「幸せにしてください」を――「心が平和で幸せ」。

そんなふうに、素晴らしい言葉を言い聞かせてあげます。

美しい言葉にはあなたを成長させる力がありますから。

今していることに、心を集中させなさい

先日、私はスリランカのスマナサーラという長老の方にお会いしました。

この老師は日本語が実に上手で、非常に現実的でありながら、日本人より日本的な方ですから、日本人の苦しみもよく知っていらっしゃるのです。

私が「幸せに生きるためのキーワードは何でしょうか」と伺いましたら、その秘訣を教えてくださったのです。それはこのような言葉でした。

「世の中の苦しんでいる人や病気の人、夫婦仲に悩む人、根性悪の上司に困っている人、お金がない人など、どの人も生きていくのは大変で苦しく、死にたくなるようなことも起こってきます。

けれども、そんなことが起こるのが、人生なのです」

「ではキーワードは何ですか？」と私は聞きました。

「どうせ、そんなものさ」それがキーワードだとおっしゃるのです。

私は再び聞きました。

「病気になってこんなに苦しい。生きるというのはどうせ、そんなものさ、と自分に言い聞かせると、ますます落ち込んでいきますが……」

すると老師は、そのときには、こう言うのだと教えてくれました。

「どうせ、そんなものさ。さて、そこでどうしよう」

生きるコツ、幸せになるコツは、この二つだというのです。


人間はいつも一瞬一瞬、変わっていきます。これは仏教だけが教えていることではありませんが、人間は一瞬一瞬、今に留《とど》まりません。

「諸行無常《しょぎょうむじょう》」という言葉があります。自分の体といっても、私たちの細胞は、一瞬一瞬、変わっていきます。今の状態は次の瞬間にはもう違っています。

人間だって、その場、その場によって、示す顔とか感情はみんな違います。その一瞬がその人なのだというのです。

ですから、いろいろな物事が起こってきても、その一瞬だけ幸せになればいい。一生幸せでいたいとか、これから幸せになるなどと考える必要はありません。今のこの一瞬だけ幸せになればいいのです。

人間の生きる意欲というのは常に変わっていきます。人間の生きる意欲はどういうものかというと、それは不満だというのです。

人間は体が痛ければ、「ああ、少しでも良くなりたい」と思う。満足していないから、意欲が湧いてくる。貧しければもうちょっと楽になりたい。貧しいという不満があるから、もうちょっと楽になりたいという欲がでる。

だから人間は生きる意欲が湧いてきて、それが力になってくるのです。

「では満足してしまった人はどうなりますか？」

満足した人は、もっともっとと欲が大きくなって、不満足が大きくなるから、もっと意欲が湧いてくるというのです。「欲」とはいっても、「良い欲」です。みんなもともとは「良い欲」をもって生きています。

ただし、問題はそこからです。その欲をどちらの方向に向けていくか、ということが大事だというのです。「さて、そこからどうしようか」ということです。


今後、この病気がもっと悪くなったらどうしよう、もっとお金が少なくなったらどうしよう、子どもがもっとひどくなったらどうしよう、と考え始めると、先の時間に生き始めるようになります。

先の時間に生き始めると、不安と恐れに心がおののきます。

もし、自分の心の中に、不安や自分を責める気持ち、恐れ、あるいは、暗いもやもやした気持ちが起こってきたら、今この瞬間に帰りなさい。
徹底的に現実的になりなさい。
今していることに徹底的に心を集中してやりなさい。それがすべてです。

シスター鈴木秀子の自分を変える心の習慣6

自分を「今、ここ」に引き戻すための瞑想

自然の中でできる瞑想をお教えします。

これはアメリカでとても盛んな瞑想方法で、「ウォーキング・メディテーション」あるいは「ハーフスマイル・メディテーション」といわれます。

砂浜、草原など穏やかな道を歩くときは、この方法をしてみてください。

足の幅だけのほんのわずかな歩幅でゆっくりと、足に意識を集中させながら歩きます。大地とつながっている感触、母なる大地に支えられているその恵みを味わいます。口はちょうど仏像のように、わずかな微笑みを浮かべます。

山道や、ハイキングコースなど起伏の激しい道を歩くときは、吐く息に注意します。四歩ごとなり、六歩ごとなり、自分のペースを保って呼吸しますが、吐ききって吸う、その変わり目の瞬間にだけ注意を向けて歩きます。

景色や〝気〟のいいところに来たときは、立っても座ってもいいですから、自分のリラックスできる姿勢で、ひたすらただそこに「いて」ください。ただ存在する、ということをしてください。

そのときにいろいろな考えが浮かんでくると思います。

そういうときは、静かな自分の家にいて嵐が外を過ぎ去っていくときを思い出して、「自分は安全なところにいて外のいろいろな雑念が通り過ぎていく」ように、ただ眺めて流してください。雑念に引っ張られないようにします。

いろいろなことが浮かんできてもいいのですが、それにとらわれないようにしましょう。そして深くゆったりとした呼吸に注意します。

嫌な思い出が浮かんできた場合、これは非常に大事なことなのですが「here now」「今、ここ」にと言うのが自分自身を育てるコツです。

私たちの思考は、よく未来に行ったり過去に行ったりします。過去に行くと何が起こるでしょうか。後悔が起こります。自分を責め始めます。自分を小さくいじけさせてしまいます。嫌な人間に自分をつくりあげていきます。

「あのとき、自分はなんてことをしたんだろう」「あれさえなければ」「あの人があんなことさえ言わなければ」というふうに、過去に生きだします。取り返しのつかない時間に生き始めると、後悔になって自分をいじめ始めるのです。

不安もたくさんあります。まだ来ないことを先取りして心配し始めます。取り越し苦労が始まったら、未来の時間にとんでしまっています。すると、自分をつぶしてしまいます。自分を生かすのは「今、ここ」でだからです。「今、ここ」にいない誰かを心配する、「今、ここ」で必要ないことを考え始めると、「ここ」の場から離れてしまいます。それも自分を害していきます。

いちばん大事なのは、「今、ここ」にいることなのです。いつでも自分を「今、ここ」に引き戻してあげなければいけません。そのために、助けになるのは、体の感覚と感情に気づくことです。

頭で考えるといつも「今、ここ」からどこかへ自分を誘惑していきます。しかし、体は正直です。体の感覚に気づくと、「今、ここ」に戻れます。体のどこかにしこりがないだろうか、どこかがカチカチに凝っていないだろうか、痛みがないだろうかと見てみます。

いつも心を集中して、窮屈な思いをしていないだろうかなどと、自分の感覚に気づくのがこの瞑想です。

そして、自分の感情はどういうふうに動いていくのだろう、「今気分が良くなった」「また落ち込んだ」ということに気づいてください。

まるで地震計のように、自分の感情が揺れ動いているのがわかります。

それを見てみましょう。これらの瞑想方法は一つの指針でしかありませんが、どうぞ、自然の中に立ったときにやってみてください。

おわりに

私たちはみんなで 一枚の織物を織っている

これは私の大好きな言葉です。

この言葉をこの本の最後にお伝えしたいと思います。


私たちは全人類の初めから、世の終わりまで生きとし生けるものが関わる一つの織物を裏側から織っているようなものだ。

裏から織っているので、自分に与えられた個所がどんな模様かはわからない。けれども全人類の終わりが来たときに、全人類が関わった一枚の織物は、私たちに表を現わして掲げられる。

そのときには、自分の織った個所が明らかにわかる。

全人類が織り成す織物が見事な芸術品になるかどうかは、あなたにかかっている。


あなたが「自分なんて」と言いながら自分の受け持った個所をいいかげ

んに織ると、織物の質が変わっていく。

あなたが自分の織物を裏側から見ているとき、自分の使命が何だかわからないかもしれないけれど。

しかし、今ここで、自分を大切にしながら与えられた能力を生かして、他の人との良い関わりに焦点を合わせ、調和と一致を目指して働くときに、見事な質の織物になっていくのです。


「今、ここ」に、あなたはいます。

小さなことからでいいのです。今、目の前のことに心を込めて一瞬一瞬を生きてみませんか。

二〇二三年　春

鈴木秀子

本書は、単行本『今、目の前のことに心を込めなさい』（海竜社刊／二〇一七年一〇月）を底本にし、『シスター鈴木秀子の今日幸せになる171の言葉』（海竜社刊／二〇〇〇年一二月）より抜粋した原稿を加え、加筆・修正・再構成して文庫化いたしました。

本文デザイン：長坂勇司
本文イラスト：小泉理恵
校正：あかえんぴつ
企画・編集：矢島祥子

鈴木秀子（すずき・ひでこ）
1932年生まれ。聖心会シスター。東京大学大学院人文科学研究科博士課程修了。文学博士。フランス、イタリアに留学。ハワイ大学、スタンフォード大学で教鞭をとる。聖心女子大学教授を経て、聖心女子大学キリスト教文化研究所研究員・聖心会会員。国際コミュニオン学会の提唱者として、文学療法、エニアグラム、アクティブ・リスニングなどの指導にあたる。「心の対話者」の育成、国内および海外で「人生の意味」を共に考える講演会、ワークショップなどを行っている。
主な著書にベストセラー『9つの性格　エニアグラムで見つかる「本当の自分」と最良の人間関係』（PHP研究所）、『心の対話者』（文春新書）、『世界でたったひとりの自分を大切にする』（文響社）、『あなたは、あなたのままでいてください。』（アスコム）他多数。

だいわ文庫

今《いま》、目《め》の前《まえ》のことに心《こころ》を込《こ》めなさい

著者　鈴木《すずき》秀子《ひでこ》

二〇二三年三月一五日第一刷発行

発行者　佐藤 靖
発行所　大和《だいわ》書房
東京都文京区関口一－三三－四　〒一一二－〇〇一四
電話　〇三－三二〇三－四五一一
フォーマットデザイン　鈴木成一デザイン室
本文印刷　信毎書籍印刷
カバー印刷　山一印刷
製本　小泉製本
ISBN978-4-479-32034-0
乱丁本・落丁本はお取り替えいたします。
https://www.daiwashobo.co.jp